译文纪实

THE FIFTH ACT
America's End in Afghanistan

Elliot Ackerman

[美]艾略特·艾克曼 著　　刘瑞新 译

第五幕
美国在阿富汗的终结

上海译文出版社

目 录

第一幕　109人车队　……001

第二幕　第二支车队　……041

第三幕　北门　……087

第四幕　阿比门　……135

第五幕　终结　……177

后记　……203

插图列表　……207

第一幕

109人车队

"美国人在问：我们应该怎么做？我请求你们继续自己的生活，拥抱你们的孩子。我知道，很多市民今晚会感到恐惧，我要你们保持冷静和果敢，即使面临持续的威胁。"

——2001年9月20日，乔治·W. 布什总统在国会联席会议上的讲话

序幕

罗马的一个夜晚，一间酒店客房

战争一直在继续，尽管我不再参与。它比我睡在隔壁房间的孩子年纪还大。在学会爱我的妻子之前，我先学会了爱它。此刻她正在床上紧挨着我。战争即将结束——正在结束——已经拖延太久。这是一场灾难。

五天前，喀布尔陷落。

但还在那之前，我的手机就开始响个不停。在一个我和家人计划了很久的夏日假期，这些电话变得越来越急迫，出乎意料地跟着我来到这里。今天，我带孩子们参观了斗兽场、罗马广场和卡拉卡拉浴场等名胜古迹。他们抱怨走路太多。他们还年幼，无法领略一个已逝帝国的遗迹；但我告诉自己，他们会记住在这些废墟中行走的经历。

整整一天，我都落在妻子和孩子后面，不断发信息，接电话。我与尼克的合作最为密切，他是我的朋友，也是一名记者。他组织了一支由四辆小型巴士组成的车队，准备今晚出发。届时会有109人登上这些巴士。他们是阿富汗的翻译、活动家和记者。凌晨时分，他们将在喀布尔的塞雷娜酒店集合，搭乘巴士前往机场。另一名记者已与塔利班谈妥，以确保车队安全通过他们在喀布尔新设的检查站。我的工作是确保车队安全通过美国人的检查站，特别是机场的一个入口。在地图上，这个入

口被标注为"无名门"。

守卫无名门的是阿富汗准军事部队。我有一位老朋友杰克,管理着中情局的一个项目,为这些准军事人员提供薪酬。我们二十多岁时一起在海军陆战队参加过训练。他在中情局谋了一个职位,眼下负责监督全球范围内庞大的准军事行动网络。我花了整整一上午才联系上他。终于,他回电话了。我恭恭敬敬请求他帮助。他轻描淡写地说:"我现在有点忙。"当我再次求他时,他淡淡地回应道:"我尽力而为吧。"

我妻子的已故姨母,据说是一位极富魅力的女士,嫁给了一位同样魅力四射的罗马人贝尼托,一起生活了许多年。那天下午,我们参观完古迹后,他带着女儿来到我们入住的酒店,想与我们共饮一杯。贝尼托如今已是耄耋之年,曾经是世界上最出色的职业桥牌手之一,赢得了从蒙特卡洛到拉斯维加斯的众多赛事。我们坐在露台上,俯瞰游泳池。他的记忆力有些衰退，但他想见见孩子们。孩子们正在附近嬉戏，追逐来我们餐桌上啄食的鸽子。这时，尼克打来了电话，我只好失陪。他解释说，美国大使馆发出警告，说机场即将发生恐怖袭击。我们讨论是否应该让车队推迟一晚。尼克不确定塔利班明天会否让我们通过。整整一天，我都在试图从杰克那里得到一些准信，以确保我们的车队能够进入无名门。尼克问我是否从杰克那里听到了其他消息，以及我有多大信心他会帮我们渡过难关。我告诉他我不知道。我们决定按原计划行动，就在今晚出发。

我返回桌旁，妻子问我是否一切都好。我向贝尼托和他女儿道了歉，开始解释所发生的事情，觉得他们不会告诉别人。他们听得很认真。贝尼托抬起头，向上望了片刻，仿佛在替我考量。然后他说："情况很困难。"他的女儿眉头紧锁。我们陷入了短暂的沉默。

现在，箭已上弦。巴士正在塞雷娜酒店装载乘客。我通过手机上的 Signal 聊天室监控车队的进展。我从妻子睡觉的床上起身，坐在酒店房间的书桌前。半透明的窗帘外面，城市的灯火隐约可见，还有我手机屏幕发出的亮光，除此之外，房间里漆黑一片。巴士上的乘客大多是陌生人，但有一个家庭除外。十多年前，我和我的翻译阿里曾在什金并肩作战，那是巴基斯坦边境线上一处土墙火力据点。我们的反恐特遣队驻守在阿富汗最东南端的前沿哨所，人们称之为"终点站"。我们连队还制作了专门的 T 恤。阿里如今住在得克萨斯州，他在喀布尔的父母收到了塔利班的死亡威胁，他们把电话打到了家里，还寄来一封信。他的父母和两个妹妹都在巴士上。他提醒我说，这两个妹妹"还很年轻，非常害怕"。当他忧心忡忡地编写从未发送的信息时，在他的个人资料下方经常出现游移不定的省略号和"正在输入"的字样。而对于我的更新，他大多数时候只是简单回复一句：好的。

巴士驶离塞雷娜酒店，车上共有 109 人。

还是没有杰克的信息。他们正在去往无名门的路上。

第一场

2002 年,斯托里堡海军基地

——

这座沙丘被称为洛克尼斯。它耸立在弗吉尼亚沿海平原之上,仿佛传说中海龙隆起的背脊。海军陆战队两栖侦察学校(ARS)的每次负重徒步训练都要以冲上洛克尼斯作为结束。教官们盯得很紧,如果你跌倒了,或者你的步枪像拐杖一样碰到了沙子,他们会把你推下去,让你重新开始。那年夏天气温徘徊在九十华氏度朝上。我不止一次在沙地上呕吐。我们大多数人都是如此。多年后,我一位经受过该课程考验的朋友,在他壁炉上方的架子上放了一个玻璃可乐瓶,里面装满洛克尼斯的沙子。他说,把它放在那里,是为了在生活陷入困境时提醒自己。瓶子上用黑色记号笔写着"达观"一词。

我和杰克在侦察学校相识，距"9·11"事件过后还不到一年。那时候战争才刚刚开始。没有人知道它会持续多久，也没有人知道它会把我们带往何方。我们甚至担心会错过。我离大学毕业还有一年，就想办法参加了这个课程，那时我们住在山顶一处低矮的营房里。杰克即将接管一个精锐侦察排。大约每隔一周，教官会给我们一个晚上，甚至是一整天的休息时间。我们会坐着杰克的车进城，那是一辆破旧的沙棕色切诺基，是他大学毕业时父母送的。因为我只是一个预备役军官训练队的学员，而他是一位军官，一位中尉，我称呼他为"长官"。海军陆战队是个有趣的地方，你称呼自己的朋友为长官。

　　杰克是南方人，在蓝岭山长大。大学时，他兼修了创意写作。他喜欢谈论福克纳①和沃克·珀西②，是诗人詹姆斯·L. 迪基③的粉丝。迪基多年来一直从事广告业。工作之余，他一边写诗，一边给可口可乐和乐事薯片写文案。杰克后来告诉我，迪基曾经这样评价自己的诗歌："我白天将灵魂出卖给魔鬼，晚上又试图买回来。"在侦察学校时，杰克常常把一件雨披挂在自己床铺周围，这样他就可以借着头灯读书至深夜。他还把书堆在床下，和自己的战靴摆在一起。

　　在阿富汗多年后，人们开始叫他"美国普什图人"。我想他喜欢这个称呼。他在阿富汗待了那么久，以至于霍斯特④附近的穆萨克尔县最终都要授予他部落成员的身份。二十年前，在弗吉尼亚森林里完成数天的训练后，我们开车冲出大门，驶入 60 号州际公路，前往奇利餐厅或

---

① 福克纳（Faulkner, 1897—1962），美国著名小说家。（本书脚注除特殊说明外，均为译注。）
② 沃克·珀西（Walker Percy, 1916—1990），美国著名文学家，1962 年普利策小说奖得主。
③ 詹姆斯·L. 迪基（James L. Dickey, 1923—1997），美国著名诗人、小说家和散文家。
④ 霍斯特（Khowst）位于阿富汗东部的帕克蒂亚省。

苹果园餐厅,我记得他会播放史蒂夫·厄尔的唱片。那张专辑是1995年的《火车来了》,曲名是《雇佣兵之歌》。歌词大致如下:

> 我和老比尔啊,
>
> 都来自佐治亚
>
> 在新墨西哥遇见了汉克
>
> 我们要前往杜兰戈,与潘乔·维拉会合
>
> 我们听说他用黄金支付薪酬
>
> 我想一个人应该做自己最擅长的事
>
> 到目前为止还没有寻到更好的差使
>
> 我们被称为雇佣军和没有国家的人
>
> 只是寻找战争的士兵
>
> 我们准备去边境,我们是甘愿冒险的雇佣兵
>
> 我们不会为国家而战,却愿意为高薪而死
>
> 死在绿油油的美钞旗帜下
>
> 或者埋在墨西哥的比索币里

我们俩都没有料到战争会持续二十年,我们也成了史蒂夫·厄尔歌中所唱的专业雇佣兵。"9·11"事件后,塔利班政权拒绝交出乌萨马·本·拉登,2001年10月7日,布什总统向阿富汗派遣了第一批美国作战部队。战斗只进行了两个月,塔利班就垮台了。这证明这场战争非常迅速——正如我们当时所理解的那样。在我和杰克相识的那个夏天,美国支持的阿富汗伊斯兰共和国成立了。尽管本·拉登逃脱了,但媒体仍在争论宣布在阿富汗取得胜利的时机是否已经到来。这种胜利的气氛很快就消失了。

在我们的阿富汗悲剧中,有很多致命的错误,布什政府很快犯下了

第一个：发动伊拉克战争。不到一年，杰克就在入侵期间带领一个排进入了伊拉克。我也在两年内到了那里，在费卢杰指挥一个排。阿富汗战争开始得较早，但对我们俩来说，伊拉克是我们的第一个战场。我们首先被派往伊拉克，因为布什把阿富汗放在了第二位。随着伊拉克战争全面爆发，美国对阿富汗无暇顾及，这为塔利班在邻国巴基斯坦重建创造了条件。到了2005年，塔利班主导的叛乱在阿富汗卷土重来。布什总统对伊拉克的异常固执造就了这一切。当我们在2002年接受艰苦训练时，两人都不知道布什政府正在建立一个可以维持二十年战争的架构。

为了发动战争，美国总是不得不创造一种社会结构来维持它，从殖民地民兵和独立战争时期的法国援助，到引入征兵制和首次征收所得税以资助内战，再到二战时的战争债券和工业动员。过去，税收和征兵的结合意味着我们很难维持连续多年的战争。无论是公民还是士兵，对那些得过且过的指挥官和总司令都没有多少耐心。例如，在成功横渡特拉华河之前，华盛顿朗读了托马斯·潘恩的《美国危机》，以此哀求他麾下行将解散的军队（"这是考验人们灵魂的时刻……"）；还有林肯，他在内战中策略失当，使得很多人认为他在1864年总统选举中的失败是必然结局，直到亚特兰大在大选前两个月落入了联邦之手。美国的战争史——即便是那些所谓的"正义之战"——也是我们的领导者拼命维护必要的国家意志的历史，因为美国人不会容忍一场代价高昂、旷日持久的战争。然而，现在情况不同了。

"9·11"事件后，在随后拉开的战争序幕中，布什政府发动了一种新型战争，一种反历史的、似乎永无止境的战争。利用一支由赤字开支资助的全志愿军队进行一场持久战，这样的事情美国以前从未经历过。阿富汗战争结束时，我们的国债达到了约28万亿美元，其中约有6万亿美元是"9·11"之后的战争费用，这是迄今为止美国历史上最长的战争。"9·11"之后，没有任何针对战争税或征兵制的严肃公开辩论。我们的领导人通过动员我们的政府和军队来应对这些袭击,但当谈到公民时,布什总统说:"我敦促我们的美国同胞继续过好自己的生活。"因此,到了2002年夏天,当我和杰克在听《雇佣兵之歌》的时候,支持战争的力道已经转移到购物中心上头。

对于那些参与永无止息的战争的人来说,战争成了一件没有终结之事。为了结束它,你必须选择离开。十年过去了,当我做出这个选择时,我和杰克的友谊几乎就此终结。那个晚上,在罗马,当我请求他在阿富汗最后帮我一次时,我想知道他是否原谅了我。

第二场
2011 年，霍斯特

———

位于什金的中情局基地是霍斯特基地的分支。这两个基地都隐藏在兴都库什山脉高原沙漠的深处。由我担任顾问的什金反恐特遣队有数百人的兵力。而霍斯特的反恐特遣队员则多达数千名。过去一年里，杰克一直在兰利①从事文职工作。他几年前离开海军陆战队，加入了中情局。他负责驻阿人员的调遣，比如安排何人在何时去往阿富汗的何地。他把我安置在什金，很好地照顾了我和我的事业。但他的任期即将结束。几个月后，他将接手一项艰巨的任务，主要是监管霍斯特基地的一支秘密军队。为此，他正从美国飞过来，想了解一下当地的情况。等他几周后接任时，我将按计划成为他在霍斯特的副手。我登上一架直升机，从什金向北飞行一个小时去见他。整个飞行过程中，我感到非常难受，因为我知道，等我着陆后，我会告诉杰克，我是不会跟他去霍斯特的，我要退出战争。我受够了。

在海军陆战队，杰克是我的老大哥。在我任职的每个地方，他都会为我担保。我们在侦察学校相识后的那个夏天，我受训于匡提科的海军陆战队军官基训学校。我到达那里时，杰克已经知会了他的教官朋友们，说我们一起在侦察学校训练过，还说我将成为一名优秀的步兵指挥官。之后，在我的第一个步兵营，他又向参谋部的士官们保证，告诉他们我是一名称职可靠的中尉。当我加入海军陆战队特种部队时，他也是如此。我的军士长，令人敬畏的枪炮中士，号称南波士顿"赤手拳王"三世的威利给杰克打电话，问我是"一个废物还是一条好汉"（因为在那个团体里，你不是前者便是后者，没有中间地带）。杰克再次为我担保。不久之后，威利和我成了好朋友。后来，我离开海军陆战队，前往中情局任职，他已经在那里，准备与我荣辱与共，做我的坚实后盾。他亲手把我的申请材料递交到兰利。我每次向他表示感谢，他总是一笑置之，说没什么大不了，因为我工作表现出色，他并没有帮我什么忙。他还说："总有一天，我们会接手这个地方。"

现在，通过管理霍斯特，我们马上就要统领这个地方了——或者至少是它的一个角落。但我打算告诉他，我想离开，我想过一种远离战争的生活。

我又一次感到不适。我尽可能让自己的想法合理化，但退出战争意

---

① 美国中情局总部所在地。

味着背叛至友，意味着留下他独自战斗。

每一个参与又退出战争的人，都不得不为自己宣布战争结束。和平从未在谈判桌或投降仪式上实现过。和平并不是单一的，相反，和平有着千千万万不同的协议，因此，我们每个退出战争的人都必须与自己的良心博弈。就像任何和平协议一样，事实证明，有些协议比其他协议更持久。

那天晚上我到达霍斯特时，基地外正在进行一次突袭行动。由于杰克很快就要接管这支部队，他便作为观察员一道前往。那时候我们作息紊乱。我们可能午后起床，凌晨才入睡。霍斯特基地中心有一个小小的提基酒吧，是一个仿造的玛格丽塔维尔风情酒吧，有茅草屋顶和竹腿板凳。我坐在凳子上等待特遣队归来。午夜过后不久，一支车队驶入停车场。引擎熄火后，我能听到笑声和嬉闹声。显然，没有人受伤。也许他们已经俘获或干掉目标。阿富汗人起身返回他们在基地内的驻地，六位美国顾问，一个接一个地穿过酒吧，脱下身上的防弹衣，露出浸透汗水的制服。

我在中情局还是个新人。以前在霍斯特见过其他几位准军事官员，但大多数我都不认识。杰克马上把我介绍给大家。他一直在开玩笑，和其他人一起回忆突袭的细节，谈论着他们合力追击目标时的场景：谁跳上了哪个屋顶，谁迅速闪过了某个拐角。看着他，我能感觉到，在兰利一年后，他是多么想念这一切。我也能感觉到他是多么期待回到这里，管理霍斯特庞大的反恐特遣队，几乎每晚都可以参加这样的突袭行动。他把我介绍给其他人，还不止一次地说："等我来这里任职时，艾克将是我的副手。"

没过多久，酒吧里安静下来。大家陆续离开，回到各自的房间休息。这时，我问杰克有没有时间。有件事我要和他谈谈。

"艾克，能不能等到早上？我累坏了。"

我告诉他不能。

第三场

一天早晨，罗马斗兽场

那是一个周日，我在岳母的厨房里目睹了喀布尔的沦陷。此后不久，我和尼克通了电话。他告诉我，他正在筹集资金，以租用私人航班从哈米德·卡尔扎伊国际机场撤离人员。他问我有什么办法能快速筹到五十万美元……我脑子一片空白。我问他这笔钱能租到多少架飞机。只能租一架，他说，一架空客 A320。那一架飞机能载多少人？他说，大约 150 人。我开始计算，计算每个座位的费用——尽量不去想我正在计算的其实是每条生命的价值。

电话不断打进来。

又一位朋友打来电话，他是一名前海军陆战队员，后来成了商人。他的一位投资人，一位极为成功的科技大亨，提出一个非常迫切的请求。这位大亨长期赞助阿富汗全女子机器人团队[1]。他要不惜一切代价把她们救出来。我帮他和尼克取得了联系。大亨承诺将承担一半的包机费用。很快，其他赞助也随之而来。几小时内，第一架空客 A320 就筹到了数十万美元。资金似乎从四面八方涌来，有来自埃里克·斯密特的，有来自洛克菲勒基金会的。人们都想提供帮助。

那个周四下午，我和家人一起去度假。

当我周五早上降落时，问题已经堆积如山。现在的麻烦不再是航班,而是进入机场这件事本身。没有人能够进去。拜登政府命令第24海军陆战队远征队保卫哈米德·卡尔扎伊国际机场。他们做到了,且立竿见影。机场的北门、西门、阿比门全关了。当杰克就我们的巴士今晚通过无名门的事情回我电话时,我和两个儿子正站在斗兽场的礼品店里,他们想要同一个角斗士玩具纪念品。我接电话时他们正在争吵。

"嗨,伙计,你需要什么?"

"嘿……稍等……"我跑出了商店,"抱歉,我们有四辆巴士,需要今晚把它们送到机场。我听说你们在无名门负责安保。我们计划在凌晨三点半到达。你能叫他们给我们开门吗?"

"现在情况很复杂,"他说,"你有这架航班的尾号吗?"

"还没有……"关于获取飞机尾号的事,我已经和尼克谈过,尼克解释说,要等到A320起飞后才能知道。我把情况告诉了杰克,向他保证我很快就能得到尾号。如果有了尾号,他能帮我们通过无名门吗?

他问:"巴士上是些什么人?"

我提到了阿里的家人、全女子机器人团队、记者和活动家。

"好吧,有没有美国人?"

我解释说,每辆巴士上都有一个非阿富汗护照持有者。我们有四名记者:两名美国人,一名加拿大人,一名澳大利亚人,他们自愿搭乘巴士,帮助他们通过塔利班的检查站——但他们四人将留在喀布尔。只有阿富汗人乘飞机离开。

"你在和谁合作?"

越往下问,杰克的疑心越重。我向他讲述了尼克、洛克菲勒基金会和我们的私人捐助者的情况。我保证一定给他想要的尾号。我会把航班上所有人的名单发给他。如果他有了这些信息,守卫无名门的人今晚会

---

① 又称阿富汗梦想家。

让我们通过吗?"我真的需要你的帮助。"

"事情没有这么简单,艾克。"

我们之间的通话变得紧张起来。

他回道:"我会尽力的。"随后挂断了电话。

我的两个儿子飞快地从礼品店里冲出来,每人手里拿着一个角斗士玩具。妻子告诉我,店员设法又找了一个。

第四场

2021 年，华盛顿特区

———

拜登总统宣布美国撤军那天，我正在和阿富汗大使罗亚·拉哈姆尼（Roya Rahmani）共进午餐。在过去几年里，她和我成了朋友，偶尔会聚在一起用餐聊天。我们约了那天一起吃午饭，纯粹是巧合。我们步入她家的餐厅时，她的电话一直在响。带着阿富汗人特有的热情，她招呼我坐下来用餐，结果我发现那是一份单人餐，因为当时适逢斋月，她正在戒食。管家为我端上了第一道菜，这时她的电话又响了。她不得不去接听。是阿富汗外交部长打来的。她表达歉意后离开餐厅。他们两人共同拟订了一份声明，由她提交给拜登政府。于是我独自坐在桌前，漫不经心地扒拉着盘子里的菜，感觉像是在做梦。

两天后，我和杰克一起去晨跑。当我们经过被栅栏围起的国会大厦，沿着国家广场向前奔跑时，我回忆起那天的午餐，还有那一刻的奇怪感受，我说："我简直无法相信一切就那么结束了，而这将成为我的记忆。"杰克笑了，用一种悲观的实用主义语调预言道，战争不会以大使官邸的一份沙拉和总统的一场新闻发布会而结束；它会像开始时那样：在血雨腥风中结束。

杰克提醒我，从阿富汗撤出 3 500 名美国士兵，用军事术语来说，就是所谓的"战斗性撤退"，即军队在与敌人保持接触的情况下撤离战场。人们普遍认为，在军队可以执行的各种行动（进攻，侧翼突击，防守等）中，战斗性撤退是最为复杂和困难的，因为你既不进攻也不防守，所以极其脆弱。这与2011年从伊拉克撤军不同，那时美军可以驱车穿越沙漠进入科威特；也与1989年苏联军队撤出阿富汗不同，苏军可以越过当时的苏阿共享边界。而美国军队被困在阿富汗，只能依赖美国当时控制的三个主要机场（巴格拉姆、贾拉拉巴德和坎大哈机场），这使得他们的归途更加凶险。

阿富汗人拥有悠长的记忆。我在那里服役期间，有些长者不仅常常能指出他们与苏联人打仗的地方，或是他们的高祖父与英国人战斗的场所，甚至还能指出他们的祖先与亚历山大大帝的军队交战的堡垒废墟。也许，阿富汗历史上最著名的战斗性撤退，发生在1842年第一次英阿战争结束时。那场冲突始于1839年，英国很快大获全胜，并成立了一个亲英政府。但这个政府垮台了，导致喀布尔爆发起义。像眼下的美国和我们的盟友一样，英国人发现自己在地理上孤立无援，便与对手达成了撤军的有利条件，但当他们的队伍——大约16 500名士兵和随从人员——离开喀布尔的城门前往贾拉拉巴德时，阿富汗人发动了突袭，将英国人屠杀殆尽，只有一人除外：军医威廉·布莱登。当唯一的幸存者布莱登骑马抵达贾拉拉巴德城门时，已经奄奄一息，他的部分头骨被削掉。哨兵问他军队在哪里，他回答道："我就是军队。"

尽管苏联军队在一个世纪后避免了同样的命运，但它留下的政权并没有好到哪里去。在苏联人的扶植下，穆罕默德·纳吉布拉当上了总统，苏联撤军后，他勉强支撑了两年多。随着苏联解体，对纳吉布拉政权的财政支持也随之终止。他很快遭到废黜，塔利班控制喀布尔以后，他最终被送上了绞刑架。这引出了一个问题：对于时任总统阿什拉夫·加尼的政府，美国能支持多久？一年？两年？三年？借用尼克松在我们从越南进行灾难性撤军时的说法，"适当间隔"指的是多久？

杰克和我一边跑步，一边讨论这段历史，以及美国撤军的其他复杂

因素：阿富汗政府的许多高级官员拥有双重国籍，他们很可能离开这个国家，留下能力较弱的下属来担任关键职位；拆除偏远地区前哨基地所面临的挑战；以及国务院是否会加快为那些与他们的政府还有我们站在一起的阿富汗人办理签证。

杰克总结道："美国可能已经放弃阿富汗，但阿富汗和美国还没有脱离干系。"在他看来，我在大使官邸的那顿午餐，根本不会标志着战争的结束。不仅对我如此，对任何人都是一样。

那天午餐时，在结束通话后，大使为自己的怠慢道了歉。她坦承她有一个议题，我们还没来得及讨论。她正在考虑写一本书，想征求一些建议。就像眼下美国正在抛弃的数百万阿富汗女孩一样，她的故事也是以战争和克服塔利班推崇的宗教激进主义压迫为主题，这是一段个人旅程，在最后一章，她要写自己被任命为阿富汗首位驻美国女大使。我给她的建议是做好笔记，她可能还没有准备好写最后一章。她之所以被人们铭记，很可能不是因为她是政府的第一位女大使，而是因为她是最后一位与美国有瓜葛的大使。

第五场

罗马的一个下午,角斗士学校

——

尼克有问题要问,杰克却不接他的电话。尼克想知道我们的车队是否获准进入无名门;如果获准的话,那我们应该什么时候到达;他还想知道包机是否获得了降落许可。他问的问题我都没有答案。

于是,我给耶蒂①打电话。

杰克和耶蒂是同事。顾名思义,耶蒂是个大块头。在加入中情局成为特工之前,他曾是一支全美明星大学橄榄球队的进攻截锋。从母校到中情局,他有很多赛场故事可以分享,但他从不吹嘘;他谦逊得有点过头,又擅于自嘲,是我最欣赏的人之一。和杰克一样,耶蒂和我也是多年前在一次训练课程中认识的。

我向耶蒂说明了情况,告诉他杰克没有接电话。耶蒂主动提出开车去办公室,看看是否能帮上忙。他还表示愿意将我们的名单发送给喀布尔反恐特遣队的主基地——伊格尔基地的长官。

我和耶蒂结束通话后,我们全家那天下午的行程也要结束了。我的妻子和女儿打算去郊游,我负责照看两个小男孩儿。我们计划参加一项活动。我妻子给他们报了角斗士学校的课程。

一辆出租车把我和两个九岁的孩子送到了罗马郊区一个尘土飞扬的角落。广告上说,学校每天有两节课,孩子们将学习有关罗马武器和盔甲的知识,然后在一个按照历史精确还原的角斗士学校与其他孩子玩角斗士游戏。他们网站上展示的是绿草如茵、盈盈笑脸,还有一名循循善诱的工作人员,在教授孩子们生死搏斗的技术要点。我推开前门,映入眼帘的却是一片煤渣砖平房、乱糟糟的人造茅草屋顶,围着一个废弃的泥土院落。这就是角斗士学校了,看起来一派荒凉。

出租车已绝尘而去,否则我可能会掉头而返。我在院子里四处乱逛。随后,首席教练克劳迪奥,也是唯一的教练,从其中一间小屋里走出来,来到泥土院落的中央。"我的角斗士在哪里!"他说,俨然一副角斗场司仪的派头。他双手各执一把罗马短剑。他将两把未开刃的短剑舞得叮当作响,几乎迸射出火花。两个男孩儿迫不及待地伸手去拿。"啊,还不行!"克劳迪奥说。他把两把剑插进泥土,剑柄朝上,像亚瑟王的传奇宝剑一样诱惑着孩子们——现在,他确实在卖关子——然后举起一根食指,说:"首先,你们必须学习。"

克劳迪奥身着健身短裤和背心,露出肌肉发达的双腿和手臂。像一个在酒吧里寻衅挑事的男人,他把我从头到脚打量了一番,接着打量两个孩子。他钻进了其中一间小屋,胡乱翻找一番。再次出现时,他脚上蹬着一双高达小腿肚的皮凉鞋,腰里系着一件及膝长袍。他递给每个男孩一件同样大小的深红色粗布长袍,然后也给了我一件。

我说我今天不参加角斗,只是观看。

克劳迪奥看向孩子们,孩子们则看向我。他们三个都很失望。我举了举手机。我在等耶蒂的电话,我解释说,接完电话我可能会上场玩一会儿。这时克劳迪奥帮我解了围:"来吧,孩子们,让你们的爸爸去接他的电话吧。绕着训练场跑起来!热身开始!五圈!"他们跑开了。

坐在长凳上,看着孩子们在尘土中奔跑,我回想起当初告诉杰克我

---

① 耶蒂(Yeti)的英文与雪人同词。

不想再打仗了的那一刻。那是第二天早晨，我们一起去跑步。头天晚上，杰克请求我至少考虑一下和他最后一次去霍斯特。他让我考虑一晚再做决定。所以我同意了。当我们在机场碰面，准备一起跑步时，天才刚亮。他坦承自己没睡好。我承认自己也一样。我们开始一起跑步，缓慢而沉默。

过了一会儿，他问："你到底有什么打算？"

我告诉他，我得到一份为期一年的行政工作。之后做什么还不完全确定。

货运飞机呼啸着冲进机场跑道。一架直升机在柔和静谧的远处扬起一团灰尘，旋翼叶片上发出静电的噼啪声。我们借用这种噪音来掩饰我们的沉默。最终，我告诉他，我没有改变主意，我不会跟他一起去霍斯特。我们跑得越来越远，沉默的时间也渐渐拉长。

最后，他说："我为你做了担保。"

"我知道。"

"你这么快就离开，这让我的判断受到质疑。"

"对不起。"

"我不会为你辩护。"

我不必问他为我辩护什么。我很清楚他话里的意思。我们的文化——这种长期以来我一直渴望成为其中一员的特种部队文化，到目前为止，我都在其中茁壮成长——非常看重个人声誉。这要追溯到威利给杰克打电话，问我是"一个废物还是一条好汉"的时候。对于我或其他人来说，这两者之间不存在中间地带。杰克的意思是，我如此仓促地决定离开，尤其是让他在霍斯特陷入困境，可能会让我被排除在"好汉"行列之外，至少在很多人眼中是这样。他说得没错。我知道有些人会这么看。最痛苦的是，他也会这么看。

我们绕着机场只跑一圈就停下了。这是我们唯一没有跑完的一次。

第一幕　109人车队　023

一年过去了，我们才再次交谈。杰克被派到霍斯特，我没有随行，直到他成功完成任务后回来，我们才逐渐恢复一起跑步的老习惯。我们从未谈及我离开的决定。它的对与错，前因和后果，都一直埋在我们心底。我们只是选择由它去吧。

孩子们已经绕着训练场跑完一圈。克劳迪奥递给他们一盒果汁，让他们平静下来，然后交给每人一把木剑。他们开始了一系列的训练。克劳迪奥高喊："出剑！防守！复位！"两个孩子笨拙地相互刺杀。他们精力不济时，克劳迪奥更加热切地鼓励他们。看这招不再奏效，他走进了一间茅草屋顶的破旧煤渣砖小屋。随后，从训练场周围隐藏的扬声器中，开始响起《角斗士》的主题曲。高昂的旋律，雄壮的鼓声。"来吧，孩子们！"他高声喊道，"再来一次！"于是他们继续舞剑：出剑……防守……复位。

我的电话响了，是耶蒂。

他问道:"那是什么声音?"

克劳迪奥的音乐很响,受他鼓动而兴奋发狂的孩子们也吵得厉害。我用手指堵住另一只耳朵,朝角斗士学校的大门走去,一边向耶蒂道歉:"是我的孩子们。你现在能听见我说话吗?"

他可以听清了,于是开始说话,"我跟杰克讲了你的情况。听着,伙计,我真的很抱歉,但他不让我插手。他说他会处理这件事的。"

"他什么意思?"

"我不知道。他只是说他会处理,让我别管了。"耶蒂再次道歉。他确认已经把我们的乘客名单传给了伊格尔基地的长官,他希望能提供更多的帮助,或者给我一个更明确的答复,告知我们的车队是否将获准进入无名门。他表示,如果有什么消息会通知我,但除此之外他几乎无能为力。

克劳迪奥对孩子们的进步感到满意。"放下手机休息一下吧,"他对我说,"你一定要看看接下来的表演。"然后,他指着训练开始时插在地上的两把剑,向两个孩子大声喊道:"来吧,角斗士们!拿起你们的武器。"他们跑向那两把剑,当感受到手臂上的重量时,他们睁大了眼睛。"面对你们的父亲,我们的皇帝。把你们的剑高高举起,跟着我重复:"Avē ... Imperātor ... moritūrī ... tē ... salūtant!"① 他问两个孩子是否知道这是什么意思,他很高兴他们都知道。(他们毕竟在斗兽场待过一上午。)克劳迪奥没有浪费时间,继续指导:"现在,按照我教你们的动作,慢慢来。"他以更为克制的节奏继续重复:出剑、防守、复位。孩子们互相挥舞着未开刃的钢剑,偶尔碰撞出叮当的响声。

我试着给杰克的办公室打电话。接电话的是他的私人助理。"他正

---

① 著名的拉丁短语,大意为:吾皇万岁,我们即将死去,特在此向您致敬!据说,角斗士问候皇帝克劳迪乌斯时曾用此话。

在开会,"她说,"如果情况紧急,我可以去叫他。"我不太确定该如何回答。最近几天,紧急事件分级制度已经崩溃。今晚,将有109人搭乘巴士前往哈米德·卡尔扎伊国际机场。这次冒险进入机场,是他们逃离这个即将陷入政治黑洞的国家的最后希望。这属于紧急情况吗?当然是。但随着阿富汗的陷落,杰克面临着无数其他的问题,包括撤离在近二十年的战争中与他共事的数千名阿富汗准军事人员,与其相比,这算不上更紧急。实际上,这不是什么紧急情况,而是寻求帮助——向一个帮过我很多次的人再次求助。

"如果他能给我回电话,我将不胜感激。"

"好的,"她说,"我会告诉他。"

孩子们现在的确非常投入,对新学的角斗士动作运用自如。克劳迪奥密切地注视着他们,以确保没人受伤,他朝身后瞥了我一眼,很是不满。他举起双手,像是在用隐形相机拍照,仿佛在说:你的商务电话有那么重要吗?连这也要错过?

为了让克劳迪奥高兴,也为了让自己高兴,我开始把注意力集中在孩子身上,从各个角度为他们拍照,直到他们休息。他们坐在我身边的长凳上喝水,稍微喘口气。他们正在翻看我拍的照片,这时克劳迪奥宣布还有时间再来一场角斗。他把我之前拒绝的那件卷成一团的束腰战袍扔给我。显然,毫无商量的余地。我很快穿好战袍。孩子们要伸手拿起他们的钢剑,克劳迪奥说,这次角斗我们要用木制的练习剑。"你们的父亲,"他妄自尊大地解释道,"没有受过你们那样的训练。他还没准备好用钢剑角斗。"

我们三人面对着克劳迪奥。他让我们重复:"*Avē Imperātor, moritūrī tē salūtant!*"接着我们的角斗开始了。这两个九岁的男孩,很快就会拥有真正的力量,尽管他们还没有意识到这一点。他们击中我的时候很痛。不止一次,我不得不告诉他们要轻一点。我使了一半力气,根本敌不过他们全力以赴——什么样的父亲会以超过一半的力气和自己的儿子角斗呢？克劳迪奥坐在长凳上观看，一边对孩子们发号施令，一边对我哈哈大笑。我很快就被打倒在地。孩子们把我击败了。他们用木剑指着我的咽喉。他们向自己的皇帝克劳迪奥寻求判决。他的手，与地面平行悬停在那里，大拇指伸出。当他向上翻转手指时，孩子们不满地咕哝起来。

"好啦好啦，"克劳迪奥说，"公平地讲，像你父亲这样出色的角斗士是应该得到奖励的。你们知道帝国过去如何奖励最优秀的角斗士吗？"

一个男孩猜是黄金。另一个猜是一座大大的房子。

"不是，"克劳迪奥说，"都不是。他们会奖励他更好的东西：他的自由。这样他就不用再去角斗了。"克劳迪奥步入训练场。他伸出手，把我从地上拉了起来。

第六场

2010 年，帕克提卡省

我最后一次见到我的翻译阿里，是在我们驾车穿过阿富汗东南部的一条山谷时，车队中的一辆车撞上了一枚自制炸弹。伏击随之而至。枪炮的火光照亮了山坡上的石头，我们把四名阿富汗士兵的遗体从扭曲变形的车里撬出来，其中就有阿里的朋友莫塔扎。我记得我们俩把他的身体碎片装进了一个黑色的塑料尸袋。

阿里不是他的真名，但大家都这么叫他。为了保护家人，他隐瞒了自己的身份。我回到美国后，和阿里失去了联系。但在喀布尔陷落的十八个月前，我收到了一个陌生账号发来的邮件，主题是："我是阿里！"他告诉我，在历经数年身心俱疲的奔波后，他成功通过了特殊移民签证计划，与妻子和孩子们定居在得克萨斯州，他在那里过得很幸福。然而，他担心仍在阿富汗的兄弟姐妹和父母。由于阿里和他弟弟工作的原因，他们收到了塔利班的死亡威胁。他弟弟也是一名翻译，多年来一直在努力争取自己的签证。此后，我们一直保持着联系。拜登政府宣布撤军时，阿里写信求助，想把他的家人转移到安全的地方。今晚，他们就在 109 人的飞机乘客名单上。

当我第一次与阿富汗安全部队一起服役时，我的上级指挥是联合特种作战特遣队。在美军抵达阿富汗近十年后，其总部仍然是用胶合板搭建的，大多数其他美军驻地的建筑也是如此。我们有用于混凝土建筑的现有资源，但为什么要这样？在我们长达二十年的阿富汗冒险之旅中的任何时刻，至少在心里，我们总是认为，只需一两年就会缩编，接着就是最终撤军。当然，阿富汗人也注意到了这一点。当时我被部署在靠近伊朗边境的一个偏远哨所，每当有飞机为我们的建筑项目运来一堆堆的胶合板时，与我们的特别行动小组合作的阿富汗首席承包商总是嗤之以鼻。他说："战争不是用胶合板打赢的。"

在2021年7月8日的白宫新闻发布会上，乔·拜登被问及塔利班接管阿富汗是否不可避免，他回答道："不，不会的。因为阿富汗军队拥有30万名装备精良的士兵，不比世界上任何一支军队装备差，还有一支空军，用来对抗大约7.5万名塔利班分子。这不是不可避免的。"多年来，像阿里这样的阿富汗人还有他们国家安全部队的其他人一直在与塔利班进行内战，虽伤亡惨重，但仍然坚守阵地。他们的表现，使得美国和国际部队的人数从奥巴马总统增兵高峰期的近15万减少到撤军前的2 500人，而这个国家并没有完全崩溃。

然而事实证明，这些部队是一支胶合板军队，虽然有能力完成任务，但在招募、管理和领导方面存在根本问题。阿富汗军队是特意在全国范围内招募的，这意味着，阿富汗士兵通常不会在自己的家乡省份作战。由于阿富汗的军阀统治历史，早在布什执政时期，我们就决定依靠国家招募的军队（而不是地区招募的军队）。其意图是建立一支没有强大的地域和部落关系的阿富汗军队，以避免中央政府的权威受威胁。

这一决定也有不利之处。构成阿富汗社会问责制支柱的部落、家庭结构并未在军队中得到传承。这在队伍内部造成了持续的纪律挑战。事实证明，在进行反叛乱行动时，这也是一个问题。如果派一名来自马扎里沙里夫的塔吉克族士兵去普什图人聚居的赫尔曼德省作战，他会发现自己在那里与任何美国人一样是异乡人。有一次，我和阿里在帕克提

卡省西部一个极其偏远的角落巡逻——根据我们的记录,我们基地从来没有人去过那里——我记得我们两个人在炮车旁徘徊,而我们反恐特遣队的指挥官正在会见村里的一群长老。通常,在执行民事任务时,我们这些美军顾问会躲在后面,尽力呈现出一副阿富汗人的形象,而非美国人的面孔。我注意到,村民们总是小心翼翼地窥视阿里和他的阿富汗同伴——他们脚蹬迈乐登山靴,头戴流线型太阳镜——我疑惑地问,村民们会不会认为他们是美国人。"不会的,"阿里说,他被我的天真逗笑了,"他们不会认为我们是美国人。"随后,他把目光投向了那些泥墙院落,有些甚至达两三层楼高,层层叠叠,像丑陋的烤蛋糕。他观察了一会儿镇上的情况,然后补充道:"他们认为我们是俄国人。"如果我们能够将部落和地区的忠诚融入到国家军队中,阿富汗安全部队就会建立在一个更加坚实的基础上,阿富汗公民就不会把阿富汗士兵与美国人乃至俄国人混为一谈。

除了招募之外,阿富汗安全部队在行政和领导层面也表现出普遍的薄弱,且这两者是密切相关的。他们在行政方面的懈怠,例如不准确的部队花名册和不完整的装备清单,滋养了广泛存在的腐败问题。作为美国人，我们常常把阿富汗的腐败与阿富汗人的道德沦丧等同起来，却很少质疑我们自己是助长腐败的同谋。最可悲的是，我们一贯传达的信息是我们正在撤离阿富汗，这鼓励了掌握权力的阿富汗人腐败，特别是将挪用资源牟取私利作为一种明确而可靠的生存手段。腐败成了一项财政应急计划，任何一个理性的阿富汗人都会做出这样的选择，以确保他们的子孙有一个安全的未来。美国人每年都承诺下一年将实现撤军，并最终将阿富汗拱手交给塔利班。问问你自己，在这种情况下，你会为家人做出什么选择？

归根结底，阿富汗安全部队的衰落不仅仅发生在战场上，还更多地发生在谈判室内——几个关键的部落领导人要么不战而降，要么在塔利班进攻前就与他们达成协议，以免在自己的城市发生任何实质性战斗。例如伊斯梅尔·汗，他在2021年夏天变节，拱手交出了整个赫拉特市。阿富汗军队就在那里，训练有素，装备精良，挡在塔利班前进的路上，然而，说到底，他们没有政治领袖。

阿富汗有句俗语："美国人有表，但塔利班有时间。"早在2003年，布什总统决定将军队从阿富汗转移至伊拉克，作为入侵行动的一部分，从那时起，美国就一直是一只脚踏在门外。我们从未说服过我们的盟友或对手，让他们相信我们既有表又有时间。具有讽刺意味的是，这导致我们在阿富汗花了更多的时间，如果我们采取不同的姿态，也许不至如此。十九世纪伟大的军事理论家卡尔·冯·克劳塞维茨（Carl von Clausewitz）有句名言："战争是政治的另一种延续。"拜登总统宣布美国从阿富汗全面撤军，在阿富汗人中间引发了信任危机，这种危机导致了政治崩溃，随后是军事崩溃。阿富汗安全部队可能拥有数量和物质上的优势，但当美国和北约撤掉其政府和军队所依赖的政治和物质支持时，他们对自己的信心也消失殆尽。这一结果是否意味着阿富汗政府和军队无可救药、注定要垮台？为了回答这个问题，有人可能会问，如果巴基斯坦同样撤回对塔利班的支持，塔利班会怎么样？如果有人认为塔利班也会因此崩溃，这是否意味着他们对巴基斯坦的依赖应使他们遭受同样的指责？

发生在阿富汗的巨大灾难是二十年来成百上千个错误决策的累积。然而，让我无法释怀的是，我们选择了用胶合板建造军用设施。

在喀布尔陷落前的几周，阿里的求助变得更加急切。他知道接下来会发生什么。他花了三年时间才拿到美国签证，他的父亲母亲和两个妹妹能有什么机会？为了获取签证，他不得不从过去的主管那里收集推荐信，参加面试，并接受医学评估。随着塔利班的推进，美国国务院积压了超过1.8万份未处理的签证申请。同年六月，美国驻喀布尔大使馆关闭，不是因为塔利班，而是因为新冠疫情的暴发。签证处理全部中止。

2021年6月4日，一个由21名国会议员组成的跨党小组向拜登政府递交了一封信函，要求制定撤离计划，他们当中很多都是退伍军人。其中一位是我在海军陆战队的老朋友、众议员塞斯·莫尔顿。在喀布尔沦陷前两个月，他警告说："通过特殊移民签证计划来完成撤离显然是行不通的。"他提醒我："美国以前实施过这种撤离行动。越南战争结束时，美国在'新生行动'中将11.1万名越南人撤离至关岛。上世纪90年代海湾战争结束后，美国还将伊拉克库尔德人转移至关岛。在这两种情况下，一旦撤离人员到达，国务院就会审查他们在美国寻求庇护的申请。"白宫信件的签署人认为，阿富汗人应该享有类似的程序。他们呼吁从阿富汗进行大规模空运撤离，并在关岛军事基地提供临时住所。关岛的国会代表迈克尔·圣尼古拉斯承诺将为此付出努力，尽管他的选民担心难民涌入会加剧新冠病毒的传播。

喀布尔沦陷前的几个月里，尽管仍有机会大幅加快签证审批流程，甚至开始更大范围的撤离，但拜登政府什么也没有做，因为他们担心撤离只会加速阿富汗政府垮台。6月4日的信函无人过问。该小组的另一位主席、前美国陆军游骑兵、众议员杰森·克劳（Jason Crow）越来越沮丧，他告诉我："我们的翻译曾与我们共同生活，并肩战斗，有些人与我们一起牺牲。没有他们，我们中的很多人就无法返乡。"这是许多退伍军人的共同感受。抛弃那些曾与我们一起出生入死的人不仅是一场道德灾难，也将损害美国在海外的信誉，这是6月4日信函的签署者们明确提出的一个观点，他们相信阿富汗的崩溃是不可避免的。他们写道："如果我们不能保护在阿富汗的盟友，这将对我们未来的伙伴关系和全球声誉产生持久的影响，也将对我们的军队和我们未来的国家安全造成巨大损害。"

但是撤军的时间表已经确定。9月11日的最后期限从一开始就是武断的，可以说没有任何军事意义，只是一种噱头，为一场原本不对称的冲突增加对称感。随着撤军开始和阿富汗局势恶化，撤军日期提前到了8月31日。如果说我们被逼进了墙角，那么这堵墙是我们自己建造的。

当我了解到6月4日的信函及其对有计划撤离的诉求时，我在电话中向阿里提起此事。他没有说什么。过去的三年里，他弟弟一直在努力争取签证。他弟弟在坎大哈，直接面对塔利班的进攻威胁，美军在5月中旬撤离这座城市，留下了他和我们以前的其他伙伴。阿里告诉我，他弟弟最近寄给他一封塔利班的信，在信中塔利班宣布，计划对译员和为美国人工作过的人给予宽大处理。"是真的吗？"我问。"是的，"他说，"只要这些译员愿意忏悔，并承认他们背叛了阿富汗人民。"我问他对塔利班的提议有何看法，他笑着说："现如今，我不太愿意相信任何人的话。"

第七场

罗马的一个夜晚，一间酒店客房

———

孩子们在隔壁房间睡觉。新闻在无声播放，来自喀布尔的画面忽明忽暗，闪烁不定。妻子在我身边打着瞌睡。我正在 Signal 上和其他六个人在一个名为"态势感知"的群里聊天。从驾驶巴士的司机，到协调我们通过检查站的人，群里的所有人都参与了撤离这 109 人的行动。第一条消息是在喀布尔时间 21：05 发布的，当时尼克写道：嗨，伙计们。这将是我们最新行动的信息分享空间。

接下来的几个小时里，家属们陆续抵达喀布尔的塞雷娜酒店。他们被告知只能带一件行李，不能带其他东西。到达后在酒店宴会厅点名。又过了几个小时，群聊基本保持安静。马特是一名记者，他在其中一辆巴士上，因为他的西方护照可以帮车队通过塔利班的检查站。他发了一条信息：

侦察车正在驶离塞雷娜酒店。

一辆轿车离开酒店，为四辆巴士带路，以确保道路畅通。我们在等那 109 人登上巴士。在另一则聊天中，阿里向我确认，他的父亲、母亲和妹妹现在都上了巴士。他发了一些开心的表情、一个点赞手势，以及一个双手合十的祈祷符号。他还转达了北门反恐特遣队高级指挥官的名字，我刚好认识他。是 W 指挥官。他曾在我们附近的反恐特遣队工作。

这是个好消息。

但我还没有收到杰克的信息。

有人在聊天室发了一张领头巴士的照片,供大家参考。它看起来像《回到未来》①中的那辆大众迷你巴士。在电影开头的动作场景中,利比亚恐怖分子用它在一个购物中心的停车场追逐马蒂·麦克弗莱和布朗博士。为了让塔利班和反恐特遣队准军事部队认出我们的巴士,有人在挡风玻璃的左上角贴了几大张黄色艺术纸。马特写道:我会在领头巴士上。眼下正在塞雷娜等待侦察车的最新消息。

---

① 1985 年上映的美国科幻冒险电影,由导演罗伯特·泽梅基斯执导。

十分钟之后,尼克回道:据侦察车报告,"道路通畅,一直到无名门。"@艾略特,请参阅耶蒂在情况报告中所附地图。

我回复:稍等。

我最后一次给杰克打电话。

没有回应。我们别无选择,只能出发。我写道:当你们到达反恐特遣队士兵守卫的大门时,阿富汗一方的负责人是"W 指挥官"。请放心使用他的名字。这会有所帮助。我确认我们的乘客名单已发给伊格尔基地的长官,那是喀布尔反恐特遣的主基地。如果遇到什么问题,还要提醒他们:"乘客名单已发送给伊格尔基地的长官。"所有这些都会有用。

我们小组负责塔利班检查站的成员插话道:马特,请记下这个名字——我们联络的警察局长是哈吉·B。他知道我们的行程。

将近一个小时过去了。我们在等最后一批乘客上车。妻子翻了个身,睡意蒙眬中叹了一口气,问他们出发了没有。

我说:"还没有。"

"你收到杰克的消息了吗?"

"没,还没有。"我盯着天花板,然后用很小的声音补充道:"我想我不会收到他的消息了。"

"你一定会的。"

"我不太确定。"

"为什么这么说?"她现在醒了,背靠着床头坐了起来。

"这要求有些过分,"我说,"如果他命令手下打开那道门,他就得对每一个进去的人负责。对名单上所有的 109 人负责。他不认识这些人。万一出事呢?万一塔利班或'伊斯兰国'的人利用车队潜入机场怎么办?责任都会落到他身上。我是在让他承担职业风险。"

"他爱你。"妻子说。

"我知道。"我没有说出口,或者不需要说的是,我以前让杰克失望过。我妻子知道霍斯特的事。她知道杰克和我从未真正谈论过这件事。它一直横亘在我们之间。我想她理解我的担心,杰克此时的沉默暗示着我们之间的信任还没有完全修复。

马特发来一条信息:驶离塞雷娜。预计当地时间03:30左右到达无名门。

我告诉妻子车队要出发了。我们坐在床上,手机放在两人中间,看着短信滚滚而来。

十分钟过去了。车队通过了塔利班的检查站。

下一条更新是:车队已转弯进入40米路。

尼克在监管另一个群聊,告诉他们去找潘杰舍尔泵站。马特回复说:很好,那正是我们的目标。我们要在尤拉纳斯婚礼堂旁边驶离机场路。

马特写道：五分钟后到达。

还是没有来自杰克的任何消息。

阿里从另一个聊天平台给我发信息。他的家人正在向他发送车队的最新动态。他是第一个提醒我车队困在无名门的人。反恐特遣队要求所有人下车。我知道这是怎么回事吗？他们会被放行吗？在车队的短信链上，他们正在紧张地交换信息。要求出示护照。我们知道不是每个人都有护照。我回复：请出示你们的护照并对照乘客名单。马特写道：这里有个美国人。我回应：他在帮忙吗？有人在车队后面问：都下车了吗？

我妻子问情况如何。

"还没有获准通过。他们要求所有人下车。"

我的手机"叮"的一声，又一条短信：你们的巴士刚到门口？

是杰克发来的。

我回复：是的，他们现在就在门口。

好的。我只是确认一下。

"你没事吧？"我妻子问。

我给她看了杰克的短信。一分钟后，我的手机又收到一条短信。是马特发来的：进来了。

尼克写道：你确认四辆巴士全进去了吗？

是的，全进去了。接着又写道：现在正前往机场。

我回复：干得漂亮。

然后，我给杰克发了一条单独的信息：所有乘客都进了机场。

对此，他只回复了一句：祝贺。

阿里又发来一条信息：您和您的朋友为我所做的一切令人难以忘怀。我余生都将感激不尽。

阿里也会为我的家人做同样的事情，这是我的回应，然后我放下手机。我妻子问："你怎么了？"

"没什么。"

"看吧,我说过,杰克爱你。"

我说:"不是因为这个。"我背对着她坐在床边,她用双手从背后搂住我。"我从来没有怀疑过这一点。"

"那你怀疑什么?"

我找不到合适的语言,于是无力地说:"我不知道。"

杰克不认识这些人。这次行动中,他唯一认识的人是我。但他还是让这些人进去了。而我不知道他是否会这么做。我们在霍斯特的分手,我们一起经历的一切,我搞砸的所有事情,以及我们从未说出口的那些话,我不知道,在所有这些之后,他是否还会像从前那样信任我。我不知道他是否会最后一次为我担保。

第二幕

第二支车队

"作为总司令，我已经决定向阿富汗增派三万名美军，这符合我们至关重要的国家利益。18个月后，我们的部队将开始撤离。这是我们掌握主动权所需的资源，同时也可以增强阿富汗的能力，以便我们的部队能够负责任地撤出阿富汗。"

——2009年12月1日，巴拉克·奥巴马总统于美国西点军校

第一场

2008年，法拉省舍万镇

———

一条东西走向的公路穿过小镇舍万。这条路是环绕阿富汗全境的环形公路的一个分支。我们驱车穿过夜幕，沿着环形公路向南行驶，来到了这条支道。从昨天下午起，我们的友队一直在镇子的另一侧与塔利班战斗。我们的车队包括：我所在的海军陆战队特别行动小组，大约12人；一支美国陆军特种部队分队，也是12人；还有一个分乘18辆车的阿富汗突击连，大约120人。凌晨三点半左右我们到达这里。我让车队停在路肩上。透过夜视镜的朦胧绿色，我们可以远远望见舍万东侧，呈现出一片黑影。我们驱车直入，路边的孤立住宅内突然冒出了照明弹，这是塔利班的侦察员在标记我们的行进路线。

小镇似乎很安静。我们小组的车辆靠近车队队首。我用无线电与队尾的特种部队分队的车辆保持联络。我们的两个团队——海军陆战队和特种部队——协同工作，为一支新组建的800人的阿富汗突击队提供指导。我是一名上尉，带领特种部队分队的同事也是一名上尉。他叫戴夫。我通过无线电告诉他，我认为我们应该碰碰运气，直接穿过市区。否则，如果我们绕道而行，太阳升起时，我们可能仍然在越野行驶。总要有一个人负责指挥，所以戴夫和我轮流担任总指挥，一人指挥一场行动。今晚恰好轮到我。但是，出于对戴夫的尊重，当我们决定冒险驾车

穿过舍万时，我把自己的想法告诉了他。

他在无线电中说："收到，这主意听起来不错。"

我坐在悍马装甲车的后排右座上。我们拆掉了我前面的座位，塞进了一套电脑和几台无线电设备，这样一来我不仅可以与我们的车队保持联系，还可以与头顶的飞机和我们的多个上级指挥部进行通信，其中包括由一位少校指挥的赫拉特海军特遣队，以及由一名上校指挥的巴格拉姆整体特种作战特遣队。驾驶车辆的是我们小组的通讯中士"红毛"，他是一名海军陆战队员，红头发，络腮胡，外貌和举止都酷似加菲猫。

我说："红毛，我们要冲过去。"我把无线话筒别在我头顶的降落伞绳上。上面还有另外四部话筒，连着另外四部无线电，调谐到四个不同频道。红毛转身看了一眼。他叹了口气，踩下油门。我们开始了飞车穿越舍万的冒险之旅。

小镇正在向我们逼近，逐渐变得庞大而危险。开车穿过这种城镇时，高墙会把你困在其中。没有回头路，只有一条路可走，那就是迅速冲过去。

行驶中，无线电发出沙沙的静电噪声。我们注视着车窗外。冷清的店面，寂静的泥墙院落，从外面看起来就像一片废弃的电影拍摄场地。

车顶炮塔上，布兰登·兰吉尔（大家都叫他"兰"）操纵着我们装甲车的自动榴弹发射器。他在炮塔上转来转去，他的腿——这是我唯一能看到的部分——在不停地挪动。兰是我们小组里的一个年轻人。他金发碧眼，有着典型的美国中古风范。兰的所爱不分先后：他的妈妈、他的狗、他的故乡宾夕法尼亚州伊利、他在幼儿园教书的高中恋人、我们营地食堂的烘肉卷晚餐、具有完美平衡性的贝纳利霰弹枪的精良工艺、点50口径狙击步枪的后坐力，还有死亡金属乐。在执行任务之前，他通常会在房间里整理装备：重新固定手榴弹上的安全销；把子弹装进弹匣；把破门炸药塞进口袋。他的脑袋随着麦加帝斯、超级杀手或犹大圣徒的音乐摇摆，脸上带着平静的笑容。看到我时，他会抬起头问一句："你好吗，长官？"我会说："我很好。"接着我可能说："你还好吗，兰？"他就会回我一个帕特里克·贝特曼①式的清朗微笑，说："棒极了！"

封闭在悍马车里，绑着安全带，很难看清外面的情况。我向炮塔里的兰大声喊话，问他情况如何。"很安静。"他答道。我们的中士威利——大家亲切地称他为"赤手拳王"——通过无线电与我们联系，从他所在的有利位置证实了这一点：安静。如果兰温暖、纯真的举止掩盖了他内心的杀手本能，那么威利则恰恰相反。从外表看，赤手拳王全然一副杀手的模样。作为一名服役十五年的海军陆战队特种作战老兵，威利参与过多次战斗部署，脏话粗话犹如他的标点符号。"操"、"傻逼"、"混蛋"都是威利口中的专有名词。他的喜好没有特定的顺序：杰克丹尼尔、红盒万宝路、红毛私藏的色情片、他的摩托车、他的妻子伊冯娜和他视如己出的继子克里斯。十年后，克里斯会追随他投身军旅。他也爱我，我知道这一点，因为他不仅对我，而且对我们小组的每个人都忠肝赤胆。就像对兰一样，我在执行任务前也会去威利的房间。他整理装

---

① 美国作家布雷特·伊斯顿（Bret Easton）小说中的虚构人物。

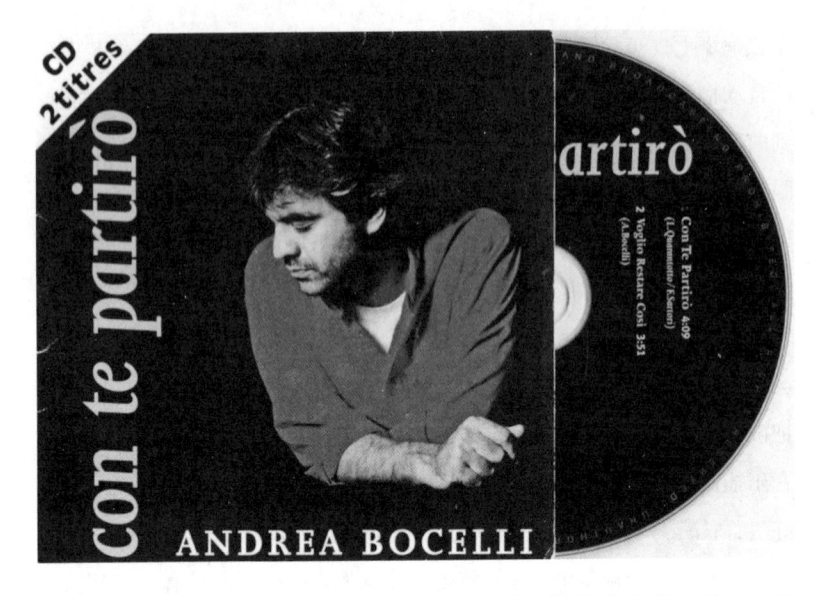

备时——把子弹装入弹匣、重新检查车队路线、把炸药塞进口袋——总是周身散发出一种迷人的气息。他经常赤裸着上身，嘴里叼着一根烟，头上系着一条折叠起来的红色头巾作发带，他会循环播放安德烈·波切利①的唱片《告别时刻》，还跟着一起唱。看到我，他会抬起头，通常来一句："队长，你准备好了吗？"

今晚的任务来得出乎预料。在我们以南六小时车程处，我们的友队在舍万郊区一个阿富汗警察检查站遭到袭击，于是做出回应，结果陷入了与塔利班的持续枪战。战斗持续了一整天，最后他们才请求我们增援。当我们的车队在隐蔽驾驶模式②下顺利穿过舍万后，我切换到我们友队的内部频道，试着用无线电联系他们，但没有成功。红毛看到我有困难，俯过身来。他一只手握住方向盘，另一只手拨动无线电开关，成功解

---

① 著名的意大利男高音盲人歌手。
② 行驶中使用低照明、熄灭外部灯光、覆盖反光面等策略以保持低调，避免被敌方发现。

046　第五幕：美国在阿富汗的终结

决了我的问题。友队接入了通讯网。他们打开了红外闪光灯，我很快就在远处认出了他们。当我们到达他们的临时营地时，地平线上现出了一线光。原来，那个营地只是由几辆悍马围成的一个圈子。车上有机关枪、榴弹发射器和狙击步枪，它们的枪口不停地转来转去，嗅探着潜在的威胁。

我们从车里鱼贯而出，海军陆战队员们开始了小小的团聚。我们的特种作战连分布在阿富汗西部各地，不同小组的海军陆战队员很少见到彼此。除了我们的友队，驻扎在赫拉特的总部也有一部分人员在那里，包括我们的空军军官"管子"加勒特·劳顿上尉。管子总是充满活力、不知疲倦，他在逐渐淡去的黑暗中找到了我。他从后面偷偷溜过来，一下把我悬空抱起，使我的靴子脱离了地面。"火车王！！！"他大声喊道，借用了电子游戏《魔兽世界》中一个晦涩的梗。他是该游戏的粉丝。

（如果你想笑的话，请在谷歌中搜索"火车王"[Leeroy Jenkins]。）我转过身，指着他问："你嘴唇上长的是什么玩意儿？"

我们大多数人都留着胡子，但管子决定蓄一副傅满洲式的八字须。他坏坏地捏住胡子的一端，说很高兴我喜欢他的胡子。管子来自海军陆战队第224"孟加拉战虎"战斗机攻击队。他之所以得到"管子"的绰号，是因为在一次彻夜狂饮之后，他在南卡罗来纳州博福特的一间急诊室接受了气管插管。在他的中队，他曾作为一名武器操作官坐在F/A-18D大黄蜂战斗机的后座上。他深受爱戴。我们连队有派系也有竞争，但管子对这一切视若浮云。

他和我们的友队一起参加了昨天的部分战斗。他指了指不远处几座咖喱色建筑。昨天下午，塔利班闯入了这些相互通连的院落。管子操纵一架无人侦察机在上空盘旋了大半夜。他说没有人离开过。戴夫加入了我们，我们重新研究了第二天的计划，此时太阳已经升起，周围的景象开始变得清晰，只见院子的墙上布满弹孔，证明了昨天战斗的激烈。那支得到我们增援的队伍已经筋疲力尽。我们来了两个小组，加上一支突击队，尽管我们没有睡觉，但精神依旧饱满。我们要去清理这些院落。我们每辆车的后部都装有成箱的弹药，包括手榴弹、火箭弹和塑性炸药。为了分发弹药，戴夫叫来了他们小组的武器中士，他也叫戴夫。在戴夫小组的十二名成员中，有三个叫戴夫的。队长戴夫被称为"超级戴夫"；臭名昭著、脾气暴躁的武器中士戴夫被称为"愤怒戴夫"；而第三个戴夫，戴夫·努涅斯，根本没有人叫他戴夫，而是被称为"莫梅兹"。据说，为了庆祝一次训练演习的结束，戴夫·努涅斯一夜畅饮，醉倒在军士长的床上。军士长打电话给超级戴夫，说他这里有他一名士兵。戴夫·努涅斯把自己的名字说得含混不清，以至于军士长听成了"莫梅兹"，于是把超级戴夫臭骂了一顿，让他滚到总部来接一等军士"莫梅兹"。

我和超级戴夫最终确定了清除院落的计划，我们两个小组的其他成员，包括威利、兰、愤怒戴夫、红毛和莫梅兹，更不用提我们指导的120名阿富汗突击队员了，他们都装好了所需的弹药，以清除我们预计的大约24名塔利班武装分子。在一台平板电脑上，管子持续监控盘旋在头顶的无人机传来的实时画面。他证实没有人离开过这些院落。阿富汗突击队员一字排开向前推进，他们的士官和军官大声指挥他们各就各位。此时已日上三竿，阳光正好照在我们脸上，很难看清楚前面的屋顶和窗户。第一枪很可能来自那些隐蔽之处。我们需要挨家挨户作战，因而身负沉甸甸的手榴弹、火箭弹和炸药，仓促行动没有什么意义。那样只会让我们在抵达目的地时疲惫不堪。于是，我们只得稳步推进。

我们走在高低不平的地面上，威利匆匆赶到我身旁。他把手放在我的肩上，说："队长，你准备好了吗？"

第二场

从罗马到威尼斯的火车上

———

今晚,我们要再做一次尝试。尼克已经在 Signal 上建了新的聊天群,群名为:"撤离塞雷娜酒店 145 人组。"我们的计划和昨晚一样,但有一些不同。首先,这次人更多。这应该不是问题。昨天晚上,巴士没有完全坐满,但今晚会满员。同样,我们还是从塞雷娜酒店出发。另一个由卡塔尔政府赞助的团体也将来到塞雷娜酒店。不可避免地,其他人也会把这家酒店当作中转站,但我们需要密切关注这些人的到来,以免两个团体混在一起。塔利班的检查站应该也不是问题,尽管无法预料。至于美国的检查站,杰克对我已经仁至义尽了。需要另觅他人为我们打开机场的大门。

我正在群里研究这些细节,此时的火车上,我十一岁的女儿坐在我身旁,看着窗外,若有所思地说:"真是难以想象。"

"什么难以想象?"我问。

"街道是水做的。"

这并不是我们第一次讨论这个话题了。十一岁的她对威尼斯心驰神往。"你很快就会看到的。"

"你认为只在威尼斯生活过的人,会很难想象那些街道不是水做的普通城市吗?"

"我不知道。你觉得呢？"

她凝视着窗外，当她回答时，她不是对着我，而是在对着外面的风景说话。"也许有人见过普通街道的照片或视频，但我觉得这并不重要。对于其他人来说似乎正常的东西，对他们来说仍然很难想象。"

我女儿目不转睛地盯着窗外。我的手机又收到了几条信息，特别是来自伊恩的信息，他是我在海军陆战队和中情局的老朋友，眼下正在哈米德·卡尔扎伊国际机场协助守卫大门。他在参议员汤姆·科顿的办公室有熟人。科顿参议员是参议院情报特别委员会的成员，伊恩的这个熟人向他保证，参议员可以让中情局给我们提供必要的许可，让我们的车队通过无名门。当我们在群聊中讨论细节时——乘客名单所需的信息，车队需要到达机场大门的确切时间，飞离哈米德·卡尔扎伊国际机场包机航班的尾号——我的思绪又回到了我女儿所说的话上：如果你只生活在一个街道由水做成的地方，那么试着想象一个有着坚实街道的地方是多么奇怪啊。

有时候人们会问我，在阿富汗和伊拉克服役有什么不同。在伊拉克，战争只持续了几年。那场冲突打破了现状。大多数伊拉克平民迫切想知道何时才能恢复和平，他们何时才能重新过上正常生活。而在阿富汗就不同了。我在那里服役时，阿富汗人的平均预期寿命约为六十岁。这意味着，在1979年苏联入侵时，死亡的一代是年轻人，而今天超过一半的人口那时甚至还没有出生。对于那些记得和平的阿富汗人来说，那是一段模糊的记忆，而对于大多数阿富汗人来说，根本没有和平的记忆。对于大多数阿富汗人来说，和平并不是要回到过去的状态，而只是一种想象。

阿富汗突击队指挥官贾巴尔中校从未谈论过和平，我怀疑他甚至没有想过和平。每当我试着想象处于和平中的阿富汗时，贾巴尔总是不合时宜地出现在脑海中。他从来不适合这幅图景。他是一名经验丰富的塔吉克指挥官，先后与苏联和塔利班作战二十五年。在一个没有战争的阿富汗社会，贾巴尔能有什么地位？这是我难以想象的。初次遇见贾巴尔时，我们两人需要乘坐美国军用飞机穿越阿富汗。我们正准备把他的营部从喀布尔郊外的训练场转移到他们在阿富汗西部的新基地。就像同名的卡里姆·阿卜杜勒·贾巴尔①一样，他非常高大，超过了六英尺，在人群中很显眼。贾巴尔的英语不太好，而我呢，除了几个短语外，对达里语一窍不通。没有翻译陪同，我们在许多小机场停留期间，都尴尬地保持长久的沉默。我们终究需要一种消磨时间的方法，于是我们开始下棋。由于他引人注目的身高，贾巴尔经常招来好奇的旁观者，他们会在我们下棋时驻足观看。当贾巴尔赢棋时——这是不可避免的——我还记得我那些战友的惊讶，他们低估了他的能力，目瞪口呆地看着他步步紧逼，干掉了我的国王，他一边摇头一边笑：“哈哈哈……**我的**顾问啊。”

最近几天，我一直在想，对于我们从阿富汗仓促撤军，贾巴尔会怎么看。我想他会悄悄离开，前往东北部的潘杰希尔山谷，与其他塔吉克人一起，加入艾哈迈德·马苏德领导下重组的北方联盟进行抵抗。抑或贾巴尔和他的突击队员一起死在了一次绝望的后卫行动中，这也是阻止塔利班前进的最后一次尝试。我无从得知。而且我可能再也无缘听到。贾巴尔不是那种会和我保持联系的人。尽管如此，我仍然想知道，他对美国在阿富汗的存在只剩下喀布尔国际机场周围一道脆弱的外围防线有何看法。我想知道，他认为接下来的日子会如何结束。

尼克打来了电话，他问我对伊恩在科顿参议员办公室的熟人有没有信心。他们能帮我们打开机场大门吗？我开玩笑说，我感觉和前一天晚上一样自信。其实并非如此。我告诉他：“我认为我们所能期望的最好结果就是抛硬币了。”

---

① 一位著名的美国前篮球运动员。

他回答道:"我想我们会继续使用无名门,直到它关闭为止。"我能听出他声音中的疲惫。昨晚我们都只睡了几个小时,今晚估计也是如此。

"那我们接下来怎么办?"

"我不知道,"尼克说,"我们得想想别的办法。"

"你知道,不会有什么好结果。"

"你这话什么意思?"

我们的努力,以及其他人的同心协力,都根植于一种更广泛的理念,即绝不抛弃任何人。尼克从未在军中服役,但如果你像尼克一样长久沉浸于这种文化,你很快就会明白,这种理念是多么深入人心。但最终,这次撤离将以我们抛弃盟友而告终。我们知道这一点,所以我说,不会有什么好结果,这就是我的意思。

"我们只管想办法今晚打开大门吧。"尼克说。

我继续监控群聊。不久,我的思绪又回到了贾巴尔中校和我们的一盘棋局上。那是我们在一起的最后时光,我终于打败了他。那天晚上,只有我们两个人在他的办公室下棋,我的胜利让他完全措手不及。他变得有些自大,并没有全神贯注于我们的比赛。我吃掉了他的国王,他大吃一惊,我还模仿了他的笑声,这是我常常不得不忍受的:"哈哈哈……你的顾问。"就像那些头发花白的阿富汗上校一样,他对此表现得非常有风度。但第二天,员工晨会结束后,在我们有了翻译陪同的时候,他把我拉到一边,提出了异议。他承认前一天晚上自己输掉了比赛,但对我真的打败了他这一点表示反对。"你必须明白,"他说,"昨晚的比赛是我打败了我自己。"

我们的火车驶过潟湖,抵达圣卢西亚站。我叫醒了把头靠在车窗上的女儿。她用两只拳头揉揉眼睛,两眼闪闪发光,第一次看到了威尼斯。火车站是行李和人的海洋。我们终于在车站外的运河上找到了一辆

水上的士。的士在过往船只的尾流余波中轻轻摇荡。行李装好后，驾驶员向我女儿伸出手。她钻进的士，选择独自坐在船尾。当我们驶上运河时，我回头看了一眼女儿。她以为没有人注意，就把胳膊伸出舷窗，浸入水中。水从她的指缝间流过。

第三场

2008年，法拉省舍万镇

——

我们逐门逐户搜查，但什么也没有找到。塔利班似乎一夜之间消失在了乡野。管子对此心存疑虑，几个小时以来，他一直让无人机在头顶盘旋，监视着这片院落。没有人能逃得过我们的眼睛。我们的友队前一天与塔利班战斗了一整天，所以希望我们继续搜索。塔利班竟会凭空消失，这对他们来说是一枚难以下咽的苦果。因此，为了安抚同袍，我们继续搜索，不过很显然我们什么也找不到。

"我们还要这样坚持多久？"威利问。他站在正午的阳光下，靠在外面的一堵泥墙上。他用瓶子里的水浸湿发带，然后重新戴上头盔。他旁边站着一个包着头巾的男人和他的家人，他们被我们赶出了家门。六名突击队员正在对他的家进行第二轮搜查。每当有声音从里面传出来——砰的一声门响，或者物品掉在地上的声音——男人就会对威利大喊大叫，而威利只会越来越恼火。我告诉威利再坚持二十分钟。要返回基地，我们还有八个小时的车程。大家都没有睡觉，我迫切希望我们的车队能够安全回到基地，不想有人在方向盘上打瞌睡。

当我们返回车旁时，已经是午后。太阳当空照着，大伙儿的情绪有些烦躁。我们进入舍万时全副武装，每个人都额外背了五六十磅的弹药，但从来没有用过。这些负重让我们疲惫不堪。我们现在不得不重新整理这些弹药。红毛一边莫名其妙地嘟囔着，一边和兰把额外的火箭弹和塑性炸药塞进我们悍马车的后部。我们正在卡车上忙碌，管子把他的车停在了我们旁边。他要返回赫拉特，希望和我们一起搭伴开车去基地，在那里过夜，然后第二天早晨再继续他的旅程。我叫他跟在超级戴夫小组最后一辆车的后面。"哪一辆？"他问。我指了指站在装甲车厢中的莫梅兹，他正在重新整理和堆放火箭弹、成箱的手榴弹和机枪弹药。他无法把东西完全装回去。

管子把车开到莫梅兹的车后面，这时超级戴夫来到了我的车旁。他把头伸进车门，我们一边讨论返回基地的路线，一边眯着眼睛查看我笔记本电脑上的地图软件。舍万位于我们和环形路之间。如果绕过舍万，横穿乡野，我们的车程会增加三四个小时。我们要到第二天早晨才能回到基地。这意味着要让我们的司机连续七十二个小时不睡觉。"如果我们这样做，"戴夫说，"有人会打瞌睡，甚至发生事故。"我并不反对他的观点。每个人都累极了。如果我们径直穿过舍万，就可以节省时间。管子操控的无人机一直在天空盘旋，监视着这座小镇。报告说没有异常活动。直接穿过舍万似乎是一个足够安全的决定。

我们驶上了这条路。这是一条开裂的带状柏油路，带我们一路向东，前往路面较为平整的环形路，然后向北通往我们的基地。要把一支大型车队整齐有序地聚在一起不是件容易的事。再加上管子的两辆悍马跟随在队尾超级戴夫的车后，我们总共有 20 辆车，大约 180 人，或"乘客"。我们出发时，威利通过无线电报出了这个数字。我一开始保持低速行驶。后来，超级戴夫从后面呼叫。所有的车辆现在都上路了。我把车速提高到了每小时三十英里左右。再快的话会导致车队过度分散，在车辆之间留下空隙。

热浪滚滚，马达轰鸣。悍马的单调颠簸让人昏昏欲睡。在我们靠近舍万时，我能感觉到自己在打瞌睡。我伸手从制服口袋里摸出一粒口香糖，希望它能让我清醒一些。不到一个小时，我们就来到了舍万郊外，这时我已经嚼起第三粒口香糖。随着我们越来越近，地平线上这座低矮模糊的小镇很快变得清晰起来。市场分布在主道两侧，家家店铺门窗紧闭，面朝主道的喷漆铝门鲜艳明亮。匆忙停放的汽车散落在街道两旁。和我们上次经过时一样，这座小镇到处是破败景象。只不过现在不是半夜，而是大白天。

镇子里突然闯出一辆油罐车，飞速驶上公路，朝我们猛冲过来。车顶炮塔里，兰的脚步向我这边旋转移动，他将自动榴弹发射器的炮筒对准油罐车。这时，油罐车停了下来，开始不慌不忙地做三点式掉头，挡住了我们的去路，导致我们的车队挤在一起。我们的领头车——一辆由阿富汗突击队员驾驶的福特小型皮卡——停在了油罐车旁边。突击队员们冲着油罐车司机一通狂喊，疯狂地打着手势，示意他离开道路。他们将机关枪对准油罐车的驾驶室。然而，司机依然无动于衷。透过他的挡风玻璃，我看到他在平静地换挡，目光冷漠，面无表情。他才不着急呢。他的这种表现促使我拿起了无线对讲机："请大家保持警觉。"我的头皮一阵发紧。

我想让车队调转方向，但我们已经做了决定，无法回头。我们最前面的几辆车，包括我的车在内，已经进入近郊。让整个车队掉头而返的想法似乎更加危险。无论舍万内部存在何种威胁，我们都已经进入其势力范围。

又过了一会儿，油罐车完成掉头，以不可思议的速度飞快地驶入镇内，仿佛要与我们拉开尽可能远的距离。我们再次出发，前面的车辆开得很慢，以便后面的赶上来。我们前面的突击队员坐在皮卡车厢里，每辆车上四到六人，显得格外警惕。我们进入小镇时，他们蹲在自己的步枪后面，低调而谨慎。每个人都能感觉到这种紧张气氛。就在那几秒内，我们突然意识到了危险。门窗紧闭的店铺，空荡荡的街道，一个紧紧抓着孩子在街边一闪消失不见的女人。这一切明显到了老生常谈的地步，就像廉价的意大利西部片中任何正午时分的场景一样山雨欲来。现实中的这一幕，昭然若揭得如同在屏幕上一般——风滚草随风飘落在全城各处，枪手双手各举一把上了膛的手枪走在街上。你知道，风暴即将来临。

第一枚火箭弹没有击中目标。它是从街道北侧发射过来的，在我们头顶呼啸而过。我伸手去抓对讲机，兰在炮塔上向左转动，一下踩在我的胳膊上。我对着话筒喊道："左侧遭遇攻击，是火箭弹！"我尽量让自己的声音听起来沉着冷静，然后补充道："附近有埋伏，所有车辆，加速冲出杀伤区。"在我头顶上方，兰已经开始行动，用自动榴弹发射器连续打出三到五发的点射。每发直径40毫米的榴弹都如鸡蛋大小，其后坐力导致我们的悍马向右倾斜。我用眼角余光看到，红毛一边猛踩油门，一边向左打方向盘。从战术上讲，遇到伏击时只有一个原则：离开杀伤区。在舍万，塔利班已经把整条路都变成了杀戮场。

枪口的火光在车窗外闪烁。轻型和中型机枪的射击声和火力在空中密集交织，反冲力卷起一团团尘土。一枚火箭榴弹击中了我们前面那辆福特皮卡的车厢。弹头没有引爆，但还是撕掉了车厢的后挡板，并击昏了一名突击队员。发射火箭弹的炮手是一个胡子稀疏的少年，除了一双脏兮兮的白色跑鞋外，裹着一身黑衣，消失在粉红色的薄雾中。我拍拍兰的裤腿，以示鼓励，他一边咒骂，一边粗暴地将炮台对准下一个目标——前方的一座建筑物。他又连续射出一通榴弹，将建筑物的侧面咬掉一块。红毛总能一心多用，他一边用左手驾车，一边把霰弹枪的枪管在车窗横档上架稳，用右手射击。塔利班先是打爆了我们一只轮胎，接着又打爆了第二只，我们的悍马开始左右摇摆。

然后，一切陷入了寂静。

开阔的沙漠展现在我们面前。

我们把车停在路肩上。在我们身后，浓烈刺鼻的黑色烟柱像巨大的纪念碑一样，升腾而上。第一和第二辆突击队的车辆迅速驶出了杀伤区。车厢里的阿富汗人仍然僵直不动地待在他们的射击位置上，眼睛睁得大大的，神情焦灼不安。接下来应该还有两辆车，包括威利的车，但是后面只剩一条空荡荡的公路。

随后，从远处朦胧的烟雾中，一辆悍马拖着另一辆缓慢驶来。这是我们小组的最后一辆车，但不是车队的最后一辆。留在舍万的有大约一半的突击队员，还有超级戴夫特种部队分队的所有成员，以及我们总部的成员。威利把车停在我们旁边。他步履僵硬地从车里走出来，他的车中了一枚火箭弹，车内的海军陆战队员正在翻找急救包，以堵住他们身上流血的小伤口。我站在自己的悍马车外，将无线话筒贴在耳边，向我们巴格拉姆空军基地的上级指挥部汇报情况。威利向我走来，一边用一瓶水冲洗着他的眼睛和嘴巴——他在伏击战中吸入的烟雾仍然让他呼吸困难。我告诉他，我需要清点一下人数。

"我正在清点。"威利边喝水边说咳嗽着说。然后他指了指我的仪表

第二幕　第二支车队　059

盘，我有一包口香糖放在那里。"能给我来一粒吗？"我把口香糖递给威利。我意识到自己也需要一粒。在伏击战中，我把嘴里的口香糖吞掉了。

在舍万郊区，塔利班继续向我们猛烈射击。我们像赛车队的维修人员一样紧急行动，为一辆车更换被击爆的轮胎，而像兰这样的炮塔炮手则向镇上还击。我们车队的其余车辆三三两两冲出杀伤区，颠簸着驶向安全地带。威利现在已经清点完毕。我们少了两辆车。就在这时，我们看到最后一辆悍马摇摇晃晃驶在路上。在它的车顶和引擎盖上，挤满了我们车队的其余成员，像是紧紧攀附在救生筏上一样。

最后这辆悍马开过来时，超级戴夫早已到了。他一直在帮助威利清点人数。这辆悍马是二十辆车中的第十九辆。至于第二十辆车到底发生了什么事，大家还没有搞清楚。当戴夫和威利试图弄明白是不是所有人都在的时候，管子从引擎盖上跳了下来。火焰烧焦了他的胡子和眉毛的边角，还烧毁了他的袖子，一直烧到肘部。袖子下面的皮肤被烧得光秃秃的，像抛光的石头一样闪着亮光。他打断了大家的清点："我们少了一个人，"他说，"莫梅兹还在那里。他死了。"

第四场

威尼斯的一个夜晚，一间酒店客房

——

我躺在床上，手机支在胸口，这时群聊中出现一条信息：巴士已启程。傍晚时分，由卡塔尔人组织的一整架飞机的撤离人员让我们延误了一个多小时，在塞雷娜酒店引起了混乱。我们几乎因此取消了当晚的撤离计划。但在最后一刻，这帮卡塔尔人终于踏上了前往机场的路。这给了我们足够的时间安排自己的人上车。马特再次坐进巴士，当我们的车队出发时，他在群聊中发布：预计到达时间04:30。和昨晚一样，我们还不确定无名门的反恐特遣队员是否允许我们进入。不过，我们还是决定赌一把，相信伊恩在科顿参议员办公室的熟人会帮助我们。

我们在Signal群聊中的通信清晰、专业。马特：转弯进入40米路。尼克：收到。马特：到达机场路。尼克：收到。今晚有一种昨晚没有的信心，尽管我们中的大多数人彼此从未见过面，也从未见过这些我们正在施以援手的阿富汗人。

晚饭前，妻子鼓励我向孩子们解释一下正在发生的事情。他们能够看出我心不在焉，越来越疲倦。她知道撤离行动还会继续，所以觉得最好向他们说明一下情况，以免他们因为怀疑我出了什么事而担心。我们在房间里打开箱子整理行李，她说："他们已经长大了，应该可以理解。"我们在酒店的餐厅用餐，餐厅坐落在一个花园中。我女儿穿了一条裙子，男孩子们穿着有领衬衫。远处是一处潟湖，微风拂过，城市的灯火在水面上闪烁。

"我们知道，"我女儿说，"你们说的是阿富汗。"我问她知道些什么，她说："你正在努力帮助人们离开，因为我们输掉了战争。"

我儿子插话说："爸爸离开时，我们正在赢得战争。"

"不完全是这样。"我说。

"那你离开时我们正在输吗？"我儿子问。

我又说了一次："不完全是这样。"但我不确定我离开时是在赢还是在输。那是2011年，正值奥巴马的增兵高峰期，而这一努力从两年前开始就注定要失败，因为总统在同一次演讲中，既宣布了增兵规模，又宣布了撤军日期。这是奥巴马的一种两头下注，一方面通过增兵来安抚鹰派，一方面通过撤军来取悦鸽派。但事实证明，这种举棋不定也导致了阿富汗人的犹豫不决。在与部落首领、地区长官和省级官员的无数次会议中，奥巴马的演讲内容总会被提及。阿富汗人的首领们会与我们站在一起对抗叛乱吗？他们会公开支持喀布尔政府吗？然而，我们经常得到的回应是：18个月后，你们就要离开，我如何支持你们……你们自己的总统就是这么说的……我省的塔利班影子省长就住在马路对面，他18个月后不会离开。

当然，我们输掉这场战争的原因有很多。然而，当我试图回答儿子的问题时，我突然意识到，在导致阿富汗战争失败的众多原因中，最主要的一个是我们从来不理解什么是胜利。从2001年到2021年，无论我在哪一年离开，都没有关系，因为在任何一年，我们都无法就胜利到底是什么达成一致。因此，我们失败了。

赢得一场战争意味着什么？这取决于我们自己对战争的叙述。我上高中的时候，第一次读到《伊利亚特》。老师分发的译本封面上只有一张照片：在诺曼底登陆日，美国士兵从登陆艇上潮水般涌出，冲向奥马哈海滩。作为十几岁的少年，我并没有完全理解这种搭配的潜台词。阿喀琉斯的愤怒、赫克托耳之死，以及所有那些乘坐在"黑壳船"里的希腊人，似乎与第二次世界大战毫无关系。然而，在我自己亲历了两场战争之后，这种形象却以一种崭新的方式产生了共鸣，尤其是当我试着向儿子解释什么是战争的输赢时。如果说《伊利亚特》是古希腊战争的原始文本（据说，亚历山大大帝征战期间，枕头下就放着一本《伊利亚特》），那么二战在我们社会中也起到了类似的作用，它塑造了我们对

战争的期望，成了我们美国版的《伊利亚特》。我们仍然期望成为好人；我们期望战争有始有终；我们期望当军队回国时，战争就结束了。但是最后这个期望——只有当所有军队都回国时，战争才算结束——从未真正实现过，无论是在二战期间，还是在今天。

在阿富汗，我们可以从伊拉克的经验中吸取一些教训。在伊拉克，布什政府的重大战略失误是出兵，而奥巴马政府的重大战略失误是撤军。这两个失误都造成了权力真空。第一个失误导致了基地组织在伊拉克迅猛发展；第二个失误催生了该组织的继承者伊斯兰国（ISIS）。

如果说疯狂是一次又一次做同样的事情，却期待不同的结果，那么在阿富汗，拜登政府就做出了一项疯狂的决策，让自己重蹈奥巴马在伊拉克的覆辙——事实证明，撤军是一场灾难性的失败。奥巴马决定撤离伊拉克，就像他决定在阿富汗增兵的同时宣布撤军日期一样，是又一次在两头下注。在 2012 年大选之前，他需要兑现他在 2008 年的竞选承诺——结束伊拉克战争。2011 年 12 月 18 日，最后一批美军越过边境进入科威特，奥巴马只需要伊拉克境内的局势在撤军和他连任之间的十一个月内保持稳定即可。这个适当的间隔是他所下的赌注，他赢了。这让他得以在 2012 年的竞选演讲中声称战争已经结束。如果伊拉克政府和军队在选举日之后垮台（就像在 2014 年夏天，伊斯兰国闪电般逼进到距巴格达不足 16 英里的地方时那样），那在政治上就无关紧要了。

与奥巴马一样，拜登政府似乎也采取了类似的两头下注策略，把自己的阿富汗政策押注在了美军撤离和阿富汗政府垮台之间的适当间隔上。一个适当的间隔允许我们在一定程度上进行合理的推诿，或者，正如我儿子所说，让我们能够说："当我们离开时，我们正在赢得战争。"

虽然我们并没有赢得战争，但在拜登总统于 2021 年 4 月 13 日宣布撤军时，阿富汗政府与塔利班至少打成了僵局。根据《长期战争杂志》的数据，当天，在阿富汗境内的 400 个地区中，塔利班控制了 77 个，政府控制了129个，剩下的194个地区在某种程度上仍然存有争议。而在阿富汗的33个省份中，塔利班无法声称控制了任何一个省。他们也无法声称控制了任何主要城市。对阿富汗政府来说，这不是胜利，但也算不上完全失败。

美国公众已经习惯于相信，只有当所有军队都回国时，战争才会结束。这再次印证了《伊利亚特》，印证了我们对战争的叙述的重要性，以及我们长期以来对返乡的误解。目前，我们在伊拉克大约有2 500名士兵，在叙利亚有1 000名。这两个国家都没有实现和平。我们驻守在那里的部队继续领取"高危津贴"，然而，在从阿富汗撤军一个月后，拜登总统就会在联合国的一次演讲中说："这是20年来美国第一次处于非战争状态。"

但什么才算是战争？显然，这不是指美军在海外的部署。很少有人会认为，我们在西欧和韩国的长期部署意味着我们在这些地方处于战争状态。这很可能是一种组合，即把美国军队部署在海外，并且让这些部队以一定的比例参与战斗和牺牲。如果是这样的话，那么我们目前对伊拉克、叙利亚（更不用说尼日尔、非洲之角了）等地方的承诺又作何解释呢？在这些国家，美国的战斗死亡人数与最近在阿富汗的战斗死亡人数相持平。如果我们认为自己在阿富汗打仗，那么我们也应该认为自己在这些地方处于战争状态。但我们并没有这么认为。

与阿富汗不同的是，我们能够通过不将自己定义为处于战争状态来合理化在这些国家驻军的事实。当然，比起美国在其他地方"已经结束的"或甚至不承认的那些战争，拜登总统结束阿富汗战争的条件更为严苛。这些严苛的条件——特别是所有美军在8月31日前撤离——让我回到自己的房间，开始了另一个协调撤离的夜晚。

走廊另一边，我们的孩子在睡觉。我的手机不断发出新消息提示音。妻子躺在我身边休息，她轻声问："进展如何？"就在这时，来了一

条短信：停在大门口。呼叫准入许可。

我告诉她我不确定。我查看手机：

马特：到达铁丝网。

尼克：收到。

马特：反恐特遣队的士兵正在用无线电喊话。我们需要你们立即给他们打电话。

尼克：收到。

马特：他们不想让我们进去。

伊恩：我正在联系我的熟人。

马特（对车队中的其他车辆喊话）：请关上车窗。

伊恩：现在可以了。我在科顿办公室的熟人正在与机场的联络人打电话。

我妻子问他们是否打开了大门。我说："还没有。"她侧身躺着，我手机屏幕的微光照亮了她的脸庞。"这太不公平了,"她说,"你们都不应该陷入如此境地。如果你们不能把他们救出来怎么办?谁来告诉所有这些人他们将被抛弃?"她把一条胳膊环绕在我的胸前,不像是在拥抱我,而更像是为了保护一个人而对他进行约束,就像要阻止他走下人行道,走进迎面而来的车流一样。我是在战后遇到我的妻子的。我知道,她能感受到战争再次掌控了我,我自己也能感受到。

我以一种戏谑的口吻,引用了《教父3》中迈克尔·柯里昂的一句话:"就在我以为已经脱身的时候,他们又把我拽了回去。"她没有笑,而是把我搂得更紧了。我觉得她正试图以身体上的约束来防止我受到精神上的伤害,这是我和尼克之前一直在讨论的话题,我们推测总会有哪个团体无法到达机场。总有人会被留下。因为我们的政府缺乏有效的程序来帮助我们的前盟友,所以我们将不得不说:对不起,我们已经无能为力。

我还是个孩子的时候,对军事非常着迷。六七岁时,我常常翻阅一本破旧的插图版越南战争史。我花了数小时研究书页上的照片,我父母那一代美国人卷入的重大冲突在我年幼的脑海中挥之不去。作为一名海军陆战队员,后来又成为一名退伍军人,我遇到过很多越战老兵。我钦佩他们。然而,我有时觉得,他们对我们这一代自愿参军的退伍军人持有怀疑态度,好像我们一次又一次自愿重返战场,必定有什么缺陷。我承认,我也曾认为参加越南战争的老兵们普遍更加愤世嫉俗,也许他们在参加"他们的战争"时更加天真,心怀更多幻想,因此在战争结束时,他们的幻灭感也相对更严重。

过去的这一周,让我意识到是自己错了。

越战老兵和我们这一代的区别其实很简单:他们目睹了他们战争的最后一幕。我经常在他们眼中看到的怀疑,或者在我们谈论各自经历时察觉到的那种尖锐并不是幻灭,而是对我的怜悯。他们知道我的战争并

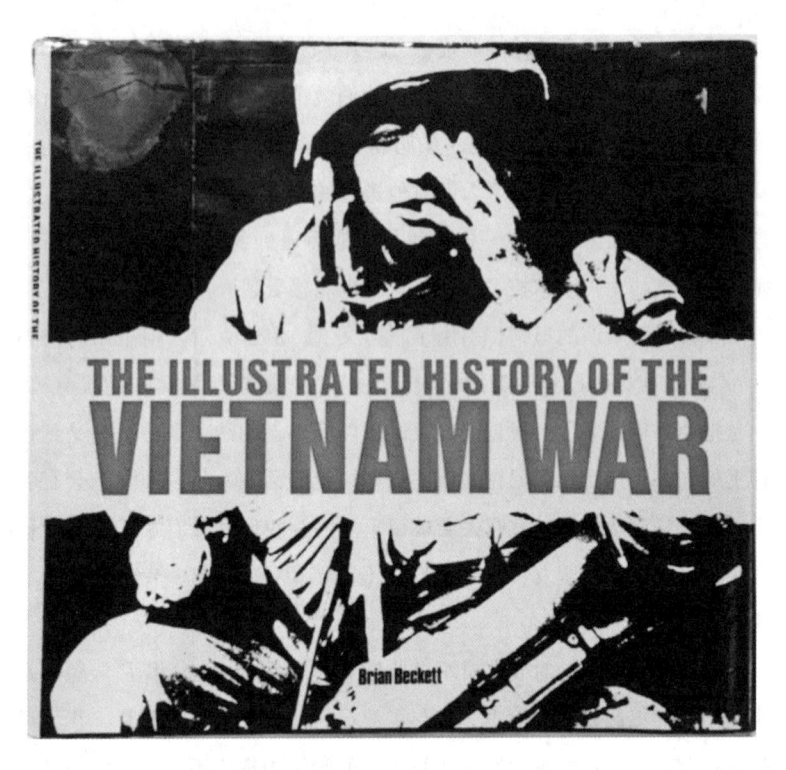

没有结束。他们知道接下来会发生什么：背叛。背叛我们的盟友，背叛我们的价值观，背叛为了这个国家向阿富汗人做出承诺的每一个美国人，最终只能这么结束：仓促拼凑出一次撤离行动。

最后，我妻子说："我担心这会给你们带来多么大的压力。"我还没来得及回答她，手机就发出了提示音。是伊恩的信息：机场那边没有回复，还在继续打电话。尼克建议我们求助于 W 指挥官，他昨晚帮助我们通过了大门。又过了几分钟，等在门口的马特回复说：W 指挥官已经回美国了。

第五场
2008年，舍万东郊

——

莫梅兹死了，我们在评估情况。每辆车至少被塔利班击爆一个轮胎。大部分车辆在漏油。很多车辆无法发动。我们需要拆解受损严重卡车上的轮胎和配件，然后安装到损坏较轻的车上。我们希望这样能有足够的车辆运行，以便我们把受损的卡车拖回基地。但我们也希望有足够的车辆驶回舍万，找回莫梅兹的遗体。

我们中的半数人员继续与塔利班零星交火，另一半人组成维修队，拆解悍马车，并更换零件。管子坐在我的悍马车炮塔里，他匆匆包扎的双手各抓着一部无线电，连续呼叫F-15s、F-18s和B-1轰炸机。它们低空飞入舍万上空，加力燃烧器发出刺耳的嘶鸣。这让塔利班无法接近我们遗留在杀伤区的那辆车。车里有莫梅兹的遗体。管子一直在跟飞行员协调，唯一的一次中断是在调度救伤直升机的时候。两架黑鹰直升机降落在一片尘土中，我们把六名受伤的战友装上直升机。由于被烧伤，管子本应坐进黑鹰直升机。但莫梅兹的遗体也该在上面。因此，管子不愿离开。

莫梅兹的卡车一直跟在车队的后方，但行驶在管子的卡车前面。我最后一次见到莫梅兹的时候，他正在重新堆放我们带来增援友队却没有用上的弹药。我们穿过舍万时，车上多余的弹药太多，而他就坐在车厢里的弹药箱上。火箭弹击中了莫梅兹的卡车,炸断了他的双腿。当管子驶近时,他看到莫梅兹正在从悍马车里奋力挣脱,大火吞噬了他。火焰开始引爆成箱的弹药。我们自己的机枪也向四面八方扫射开来。然而,管子还是冲向了莫梅兹。

在我见到管子时,他只说了一句:"我没办法靠得更近。"他手臂和脸上的烧伤,他吸入浓烟后仍咳嗽不止的样子,以及他声音中的空洞茫然——仿佛他已经开启了心理应对程序,想从自己所看到的一切中解脱出来——这一切瞬间表明,他为拯救莫梅兹做出了怎样疯狂但失败的尝试。

当威利和超级戴夫在我的车前找到我时,管子还在我悍马车的炮塔里协调战机。威利拿来一本绿色防水笔记本,展开放在我面前。两页纸上写着一份我们车队的新装载计划,包括哪些车辆可以驾驶,哪些车辆需要拖拽,以及哪些人乘坐哪辆车。

我问他,我们有几辆车能够返回舍万去找莫梅兹,他答道:"两辆。其他的每辆车都要拖拽另外一辆。"他没有说出口,但显而易见:如果塔利班设法使这两辆车中的任何一辆瘫痪,我们将不得不用一辆车拖着另一辆杀出舍万,这种情况下两辆车肯定都会瘫掉,让我们这些去救莫梅兹的人困在镇上。我问威利怎么想。他耸了耸肩,说:"由你决定,长官。我确信,如果我们返回那里,就会有人受伤,也许会丧命。我想不出其他办法。所以我们应该预料到这一点。"

我问了超级戴夫同样的问题,他说:"你是任务指挥官。我们会按你的意愿行动。"但戴夫和我同级,我今天之所以是指挥官,只是因为轮到了我。我们下次外出时,他就是指挥官了,作为特种部队分队的成员,莫梅兹是超级戴夫的士兵,所以我更加迫切地向他征求意见。他低头看着地面说:"莫梅兹已经死了。难道他希望我们中哪个人为了找回他的遗体而丧命或受伤吗?……不,我不认为这是他想要的。找回他的遗体很重要吗？……当然重要。这对他的家人来说很重要。"

戴夫不愿多说。他明白一次只能由一个人担任指挥。如果他给我提出建议，而我却反其道而行之，这种分歧将对任务产生负面影响。围绕战争的修辞常常被描述成对与错、善与恶、黑与白，但如果战争有颜色的话，那就是灰色。然而，我不得不做出的决定在修辞上确实有一个非常明确的解决方案：绝不丢下一个人。这是我们在训练中学到的，而且不仅仅是现代美国军队发明的一条真理。它根植于社会上有关战争的古老故事，可以追溯到特洛伊人和希腊人，追溯到普里阿摩斯王在夜里偷偷潜入阿喀琉斯的营地，乞求取回他被杀的儿子赫克托尔的尸身。（"我忍受过凡人不能忍受的痛苦。我亲吻过杀子之人的手。"）坚忍的重要性是明确无疑的。我们不能把自己的死者留给敌人。

但是，与用于战争的修辞相反，战争本身充满了矛盾。表面上，我们打仗是为了保护一种文明而抵制另一种文明。任何文明的基本原则都是不杀人。然而，在战争中，我们暂时搁置这一原则。我们进行经过国家批准的屠杀，以保护那些防止杀戮的文明架构。因此，矛盾渗透在战争之中。这就是为什么非黑即白的陈词滥调在现实情况下行不通，因为战争的真实色调是混沌的灰色。试图调和这种灰色，也是疯狂和战争经常交织共存的原因。有多少人会为了一具已死之人的遗体而牺牲自己的一生呢？一人？六人？十二人？我们的情况似乎再次归结为一个数学问题。在我的战争生涯中，我杀过人。但我也救过命。这两者能互相抵消吗？那些既没有杀过人也没有救过命的人呢？他们的道德和我的道德如何用数学来比较？一个人可以为此思考一辈子。

我把手伸进自己的悍马车窗，红毛把话筒递给我。卫星无线电调到了巴格拉姆特种作战特遣队的频道。在我向当值军官更新我们的情况时，我无意间注意到，不仅是红毛，就连威利、超级戴夫和管子都在偷听。在传送了一份有关人员、装备、弹药的最新状况报告后，我对局势进行了评估。如果我们试图以现有的少量兵力重新进入舍万，我们可能会遭遇更多的伤亡，并有可能陷入孤立无援的境地。因此，我请求特遣队在我们执行任务前增援我们。话音未落，我的上级少校通过无线电回应道："请求无效。无增援可用。你们需要立即行动。"

大家不再佯装偷听。每个人都在积极地听我们交谈。无线电发出嘶嘶声，仿佛少校的最后一句话还悬在空中。那些聚集在悍马周围的人都盯着我看。他们都聚焦在我的反应上。人们有时会问，鉴于伊拉克和阿富汗战争的结果，我是否后悔参加了战争。在试着回答这个问题时，我常常回想起这一刻，或许还有其他十几个类似的时刻。在我八年的战争生涯中，这样的时刻也仅有十余次。但在这些时刻，我知道，我不得不做出的决定至关重要——关系到生死。我不敢妄言自己每次都做出了完全正确的选择，但我知道，于我而言，当时做出那样的决定是值得的。战争中有很多事情让我感到后悔或迷惑。但我所经历的这些时刻并不在其中。

然而，接下来发生的事情让我一直困惑不解。

回复上校时，我再次强调了我们在装备和人员方面的不利处境。但我还没说完，他就打断了我："我理解你们的处境。再说一遍：立即开始行动。"

巴格拉姆的特种作战特遣队并非主要由海军陆战队员组成，而是由像超级戴夫这样的特种部队士兵组成，他本人就与我们少校所在特种部队的上校关系密切。超级戴夫绕到我的车后，用铱星电话打给上校，而我正监控着无线电。过了一会儿，戴夫回来了，他说："我们需要做好出发的准备，但他们会考虑应急方案。"

戴夫话音未落，少校再次通过无线电做了回应。他重复了同样的信息。

当时已是傍晚时分，金色的阳光从西边漫射过来，笼罩着整个小镇。太阳西斜，正好照进我们的眼睛。阳光透过舍万仍在燃烧的大火的烟雾折射出来，这里头就包括吞噬了莫梅兹悍马车的火焰。这个角度的光线使白天的破坏显得更加触目惊心。每一缕烟雾都清晰可见。刚刚被摧毁的建筑物的阴影在镇上投下参差狰狞的图案。来自郊外的零星枪声逐渐减弱。我们就这样在近乎无声的寂静中等待了大约二十分钟。

少校再次通过无线电发来信息。我们的友队，也就是我们增援的那支队伍，已经回到他们的基地。他们要补充燃料，重整装备，并在今晚全员返回舍万，找回莫梅兹的遗体。我们的特种作战特遣队不仅优先派遣了飞机支持他们的救援行动，还安排了飞机在空中持续盘旋，以防塔利班试图抢走莫梅兹的遗体。管子要和我们一起留下来，从地面协调飞机，而我们的整个部队将留在该地区，以备我们的友队需要增援。我们的车队将停留在附近一个前哨基站，那里有几十名步兵驻守，是环形公路通往舍万的岔路口。

当我和少校协调最后这些细节时，威利一直在听。我放下无线话筒，我脸上的表情让威利把手放在了我的肩上，说："长官，这是正确的决定，你应该为此感到高兴。"威利看得出来，我对这一切并不觉得"正确"或"很好"。今晚，我们的友队将进入舍万，找回莫梅兹。只会发生两种情况。他们要么顺利找回莫梅兹，完成本应由我们自己完成的任务；要么在舍万遇到强大抵抗，自己承担伤亡来完成我们无法完成的任务。无论哪种情况，当我们的车队艰难地驶向环形路，前往要停下来过夜的前哨基站时，我心中涌起一种沉重的负疚感。我唯一能够避免这种重负的办法，就是在人力和装备都不足的情况下，成功返回舍万，把莫梅兹的遗体弄回来。

也许那就是我应该做的。

我永远不会知道。

天黑后我们驶进了前哨基站。塔利班把管子的车毁得很厉害，以至于车载无线电的辅助电源都坏掉了，所以他只好和我同乘一辆车，在后座协调飞机。前哨基站的士兵生活很艰苦，泡沫垫子作床，睡觉的地方要么是在沙袋筑起的阵地上，要么是在岩石沙漠中凿出的狭长战壕里。当我们的车队到达时，他们从各自的战位上现身，好奇地欢迎我们。他们指着我们车上密密麻麻的弹孔和弹坑，像观星者一样目瞪口呆。他们的长官是一位四肢修长的中尉，脸上布满胡茬。他低声打了一个呼哨。"嗨，你们瞧，"他一边惊奇地摇着头，一边用拖腔拉调的南方口音说，"你们在路上的战斗听起来打得挺惨。不过也没有那么惨。你们想待多久就待多久。我们不能给你们太多。已经一个星期没有补给了。"他指了指一托盘瓶装水和几箱剩下的野战即食餐。

威利一向善于交友，他从我们的车上翻出一些佳得乐粉，帮助那些口渴的士兵调制了一罐 5 加仑的饮料。我和管子正坐在悍马车顶上，他走过来，递给我们每人满满一杯，我们接过来喝掉。饮料染红了我们的嘴巴，我们等待着我们的友队全速冲进舍万的中心。并不只是我和管子，每辆配备无线电的卡车上都聚了一小群人，一边收听信息，一边喝着红色的佳得乐。

威利离开后，管子向我道歉。我很惊讶。"你为什么要道歉？"

我们面朝着西方。太阳早已落山，那个方向只有一片黑暗。管子花了点时间斟酌他的措辞，然后才开口解释："我以为我能把他救出来，但我做不到。火势太猛了。但如果我救出了他，我们就不会陷入这样的困境。如果今晚负责救援的人有什么伤亡，那将是我的责任。"

"不，不会的。"我打断了他的话。不过当然了，管子的愧疚逻辑与我的逻辑相似。他不是在考虑实际上已经发生的事情，因为他已经尽力了；相反，他是在考虑应该怎么样——莫梅兹不应该死。但这是他无法掌控的。

我把这些话说给他听。

他回头看了看,好像不太相信。他只是简单地说:"我不知道。"我当时想,此后也一直在想,谁能免除我们的这种遗憾呢?如果管子的烧伤都不足以让他相信,他已经竭尽全力救了莫梅兹,那还有什么能让他相信呢?或者说还有什么可能说服他呢?别人死了,你还活着,这就意味着要去质问为什么。这个问题几乎没有令人满意的答案。最好不要问。我是说,如果你能抵挡住这种诱惑。我当时也对管子说过这些话。我明确地告诉他:"这是没有办法的事。"这是一种警告,也就是说,他提出的问题把生存本身变成了两难之境,将自己困在愧疚和死亡之间。

我们的友队通过无线电传来信息。他们已经开始向舍万进发。他们纪律严明,训练有素,向镇上挺进时,一边用简短的无线电通信标记自己的进展,一边报告他们经过的检查站。当他们来到莫梅兹烧毁的车辆前时,依然冷静从容,发出尖锐的呼叫:"到达目标……"我和管子在他的平板电脑上观看无人机传来的实时画面,看着他们模糊的身影在车辆周围散开。紧接着,信息迅速传来:"目标安全……"然后又过了几分钟。一旦找到莫梅兹,他们就需要通报他的伤亡码。我们每个人都有一个伤亡码。它由个人姓氏的前两个字母加上社会保障码的后四位数字组成。在呼叫医疗救护时,我们使用伤亡码而不是姓名,这样网络上的每个人就不能立即识别出伤员。医疗救护分三个优先等级。最高级别是紧急救护,用于"失去生命或肢体"。其次是优先救护,用于"伤者状况稳定,但需要救护"。最后是常规救护,用于"人员状况预计不会显著恶化"。

死者被列为常规救护。

我们的友队报出了莫梅兹的伤亡码,"N⋯U⋯",正式请求了常规医疗救护。完成这项任务后,他们宣布将返回基地,并报告了他们的状态:"任务完成。"

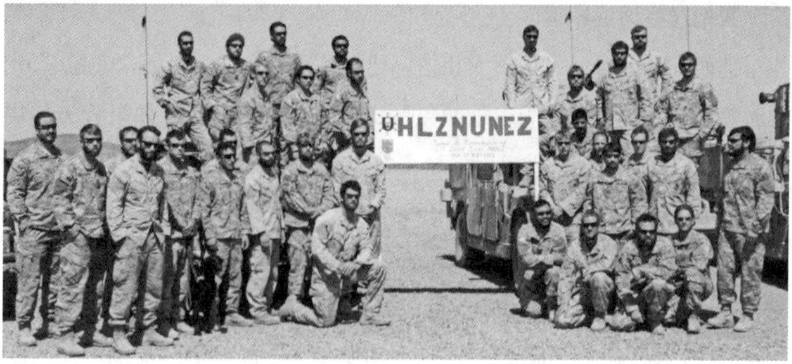
HLZNUNEZ

第六场

威尼斯的一个晚上，一间酒店客房

——

无名门将保持关闭状态。伊恩在科顿参议员办公室的熟人无法说服中情局把门打开。在群聊中，尼克在考虑车队是否应该直接返回塞雷娜酒店，明天晚上再试一次。马特向巴士上的145名阿富汗人提出了这个问题。他在群聊中转达了他们的回应：坚决拒绝返回。

如果把哈米德·卡尔扎伊国际机场比作一个钟面，那么无名门就位于12点钟位置。我们的车队仍然停在那里的路肩上。有传言称，位于2点钟位置的北门附近车辆相对较少。那天一早，我通过电子邮件与在北门指挥海军陆战队的中校进行了沟通。他叫克里斯·理查德拉。他所在的营——海军陆战队第8团第1营，用海军陆战队的话说就是"1/8"——是我以前的步兵营，我二十四岁在费卢杰任排长时在那里服役。这个营被称为"贝鲁特营"，因为在近四十年前的1983年10月23日，1/8的海军陆战队员守卫在贝鲁特机场时，真主党引爆了两枚卡车炸弹，造成241名美国人丧生。考虑到1/8的历史，它被部署在哈米德·卡尔扎伊国际机场，只会为机场正在上演的戏剧增添无数的小插曲。

其中一个小插曲涉及克里斯·理查德拉，或者称他为里奇，他是我的一位老朋友。近二十年前，我们一起在匡提科参加过海军陆战队军官

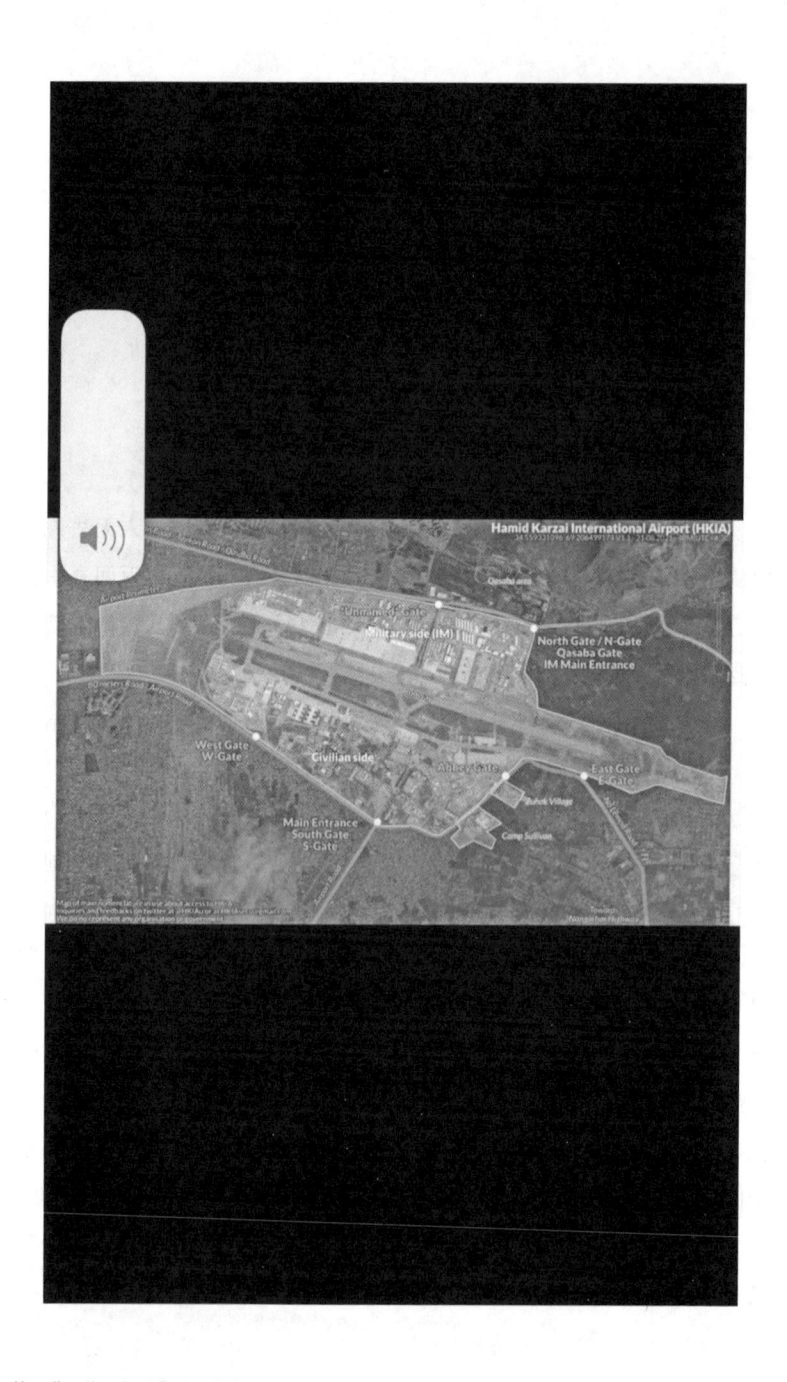

第五幕：美国在阿富汗的终结

训练。一场战争的结束竟会成为那些参与其中的人迟来的团聚，这是对这次撤离的讽刺。坐在酒店房间的床上，手机插在墙上充电，我为自己多年来没有和里奇好好保持联系而自责。我留的是他的旧号码，我们的巴士正在驶向北门，他没有接电话。

我急忙搜索自己的通讯录，尼克、伊恩和群聊中的其他人也在做同样的事情。我们都在寻找一个人，真的不管是谁，只要能够帮助我们打开其中一扇大门就行。巴士上的人越来越心急，在群聊中发帖说：请给我们找一扇开着的门。

天快亮了。我联系不上里奇。我们的车队现在停在北门外。尼克直接给我打来电话。洛克菲勒基金会为我们的一架包机提供了部分经费，该基金会与布鲁金斯学会有联系，而布鲁金斯学会的主席约翰·艾伦是美国中央司令部的前任总指挥。尼克解释道："我们正试着联系他。"

我刚才的沮丧和绝望一下消失了。我对艾伦将军略知一二。一年多前，在华盛顿的一次晚宴上，我们同坐一桌。他亲切地邀请我去他的办公室拜访。一个月后，我们一边喝咖啡，一边回忆我们的战争，度过了一个愉快的下午。我按下免提，和尼克通话的同时快速浏览我的联系人。在通讯录中，我找到了艾伦将军的手机号码。

我打电话给他。

"艾略特，很高兴听到你的声音。"他说，然后不失时机地补充道，"听起来我们似乎有点麻烦。"洛克菲勒基金会的一位代表已经联系过他，所以他对我们在机场的困境有所了解。他主动提出给他在中央司令部的前同事打电话，希望能让他们为我们的车队开门。我们商定，我会把车队的联络人，也就是马特的姓名和电话号码用短信发给他，然后他把信息传达给中央司令部负责行动的军官 J-3。我还让他直接与尼克取得了联系。

挂断电话后，我妻子转过身来。她睡意蒙眬地问："谁的电话？"

"艾伦将军。"

"中央司令部的艾伦将军?"

"是的,"我说,然后开始给更多人发短信,更新情况。"他将致电一些老同事,让他们为我们开门。"

"这太糟糕了。"她说。

"什么糟糕?他说他会帮忙的。"

"他不应该帮忙。这不是艾伦将军的责任,也不是你,或者尼克、伊恩的责任。你难道还不明白吗?"她很生气,她的语气就像我们在进行一次干预治疗,她试图让我看清我一直陷入其中的一场虐恋的本质。她说:"看到你们所有人都在努力完成这个任务,却几乎得不到什么帮助,这太令人心酸了。这是一种彻底的崩溃。"她的身体向我靠过来。

崩溃是个很贴切的词。过去几周,不仅是我们国家能力的崩溃——我们无条件地输掉了一场二十年的战争,而且还是时间、空间和等级制度的崩溃。

时间崩溃了,因为我们这些多年前在阿富汗作战的人,发现自己重新被卷入了那场激烈的冲突中,就好像我们从未离开过一样。

空间崩溃了,因为我们这些协调撤离行动的人分散在世界各地,比如尼克在法国,伊恩在弗吉尼亚,我在意大利,更不用说像马特这样在喀布尔公交车上的那些人了。

等级制度也崩溃了,因为上至美国总统,下至普通百姓,我们都在经受着这场灾难性撤离所带来的煎熬。

一个小时过去了。两个小时过去了。现在已经是早晨了。

中央司令部的J-3指示我们的车队前往南门。南门位于机场外围6点钟位置,那里拥挤不堪。不过,J-3坚称这是进入机场的唯一途径。此外,我们的进入还必须与塔利班进行协商,因为他们在门外设有自己的检查站。马特驾车前去侦察情况。三十分钟后,他带着这样的消息回来了：交通拥堵，但环岛和大门附近的情况还可以，必须通过大门并进入通往机场的车道。不确定塔利班是否会放行，我刚问了一下，便当头挨了一记痛击。

巴士上的其他人议论纷纷：真他妈的，你没事吧？接着有人说：我们硬着头皮开过去吧。别无选择。

他们开过去了。

我们在群聊中监控车队的进展。更新的节奏很熟悉。3号巴士：领头车需要减速。1号巴士：我们在等。3号巴士：明白。1号巴士：跟上来了。这些小小的交流似乎在朝着高潮发展——当然，这个高潮指的是任务的成功或失败，也就是我们的车队能否通过南门。

2号巴士：情况怎么样？

1号巴士：堵在机场环岛前面的车流中。

尼克正在与中央司令部协调。他发消息说：他们会让你们进去的。请问预计到达时间？

1号巴士：再过5分钟。

尼克：（来自中央司令部的回复）"继续前进。不要偏离原定路线。"

2号巴士：正在往前开。

1号巴士：正在掉头进入机场车道。

尼克：请告知车队何时到达。他们会提供帮助。

3号巴士：两分钟后到达。

2号巴士：我们散开了。有车辆夹在中间。

（两分钟过去了。）

2号巴士：必须穿过车流和塔利班。他们正在用消防水枪向人群喷水。

（又过了两分钟。）

1号巴士：车队到达门口。

尼克：收到。

1号巴士：塔利班说他们需要机场内部的许可。

尼克：收到并转达。

2号巴士：领头巴士卡在了门口。人群试图上车。

尼克：收到。

1号巴士：伙计们，必须马上进去。

尼克：已转达。

1号巴士：好的，开始移动。

尼克：所有巴士吗？

1号巴士：暂时只有第一辆。谁有名单？

（群聊中重新发布了乘客名单，一共四辆巴士，145人。）

2号巴士：第二辆巴士没有动。

1号巴士：他们想从内部取得名单。我猜是要美国人提供的名单。

2号巴士：我们被悍马挡住了。一辆塔利班的悍马挡住了去路。尼克，你可以转发一下名单吗？

尼克：请提供更多的现场信息。艾伦在问。

1号巴士：他们暂时不让我们进去。

2号巴士：我们被困住了。周围的人群试图挤上车。我们需要通过塔利班的检查站。

马特：我马上到。

1号巴士：谁有打印的名单？到处都是枪声。他们不让我们进去。

尼克：收到。

1号巴士：请抓紧时间，这里太乱了。尼克，请问美国人可以从内部传话吗？

尼克：正在问询。艾伦正在实时与中央司令部进行沟通，他会尽力而为。

马特：我已步行到环岛，看到车队了。

1号巴士：塔利班需要乘客名单和巴士的车牌号，必须由美国人提供。

马特：我在第一辆巴士旁边。

1号巴士：他们让我们掉头回去。必须由机场内部的美国人提供信息。

尼克：艾伦正在调解。"中央司令部确认所有信息已传达至协调小组。他们知道事态紧迫。"

1号巴士：伙计们，不可能进去了。

2号巴士：我们后面堵住了。

1号巴士：正在倒车。

3号巴士：1号和2号巴士离队了吗？我们要不要跟上去？

尼克：中央司令部不能保证立即解决问题。如果你们可以离开，请马上离开。

2号巴士：伙计们？

马特：在白色婚礼厅附近重新集合。在向南行驶的路上。

2号巴士：失败了。

1号巴士：是的，我们要返回塞雷娜酒店。

尼克：有人受伤吗？

2号巴士：没有。

1号巴士：一切还好。

3号巴士：受伤的只是尊严。

马特：我要等最后一辆巴士。其余的人请返回。

从开始到结束，这次在南门的尝试花了一小时左右。

过去两天，谁也没怎么睡觉。当我们的行动最终流产时，我妻子正在浴室刷牙。明天我们要带孩子们去观光，这在精神上与我监控喀布尔

撤离的夜晚是如此脱节,以至于我难以理解哪一个是真实的——昨晚还是今天——得出的结论是,也许两者都不真实,我既不在这里,也不在那里,我的心灵无处可依。

这时我的手机"叮"的一声,又收到一条短信,但这次不是来自我们行动失败的车队,而是来自里奇。他在北门。如果我们的车队能够赶到那里,1/8 海军陆战队的士兵会让他们进入机场。我在群聊中发布了这个消息。

马特回复：即使在晚上，交通也是个问题。我猜我们将不得不把车停在几百米之外。根据我之前的实地考察，我觉得我们不可能在白天把四辆巴士开到北门，即使我们可以进入。

我回复：明白。

马特补充道：我的建议是返回塞雷娜酒店。

四十分钟后，当最后一辆巴士到达塞雷娜酒店时，我正独自一人在酒店的餐厅喝咖啡。我们的导游在大厅里候着。每个人都在等我。新的一天开始了。

第三幕

北 门

"我最初的直觉就是撤离——从以往经验来看，我喜欢遵从自己的直觉。"

——2017 年 8 月 22 日，唐纳德·特朗普总统于阿灵顿国家公墓

第一场

2016 年，纽约，埃塞克斯酒店大厅

———

"请问先生，房间登记在谁的名下？"

"艾克曼，"我说，"内特·艾克曼。"

接待员在键盘上一通猛敲，敲出了远远不止十二个字母。我弟弟住在这家酒店。我带了两个孩子来见他。我们本该在大厅与他会面，然后去附近共进晚餐。他迟迟没有现身，手机也不接，所以我想试试酒店的电话，但不知道他的房间号。我的两个孩子，一个四岁，一个六岁，不耐烦地扯着我的裤腿。他们很无聊，就开始相互拍打。我示意他们安静，把他们拉到我的近旁。接待员说："我找不到他。你能帮我拼一下名字吗？"

"艾克曼，"我重复道，然后清晰地拼出每个字母"A-C-K-E-R-M-A-N"。这时，我听到背后有人在叫："艾略特·艾克曼？"

我转过身，眼前是一个留着胡须的光头男人。他一副学者装扮，身穿一件肘部饰有麂皮贴片的哈里斯粗花呢休闲外套。他一只手拉着行李——一个押花图案的小牛皮周末旅行包。另一只手拿着一把伞，伞柄似乎是某种抛光的动物的角。他把雨伞塞进左腋下，向我伸出右手。"天哪，"他说，"好久不见了。"

他的名字叫达奇。确切地说，距离我和他上次在阿富汗见面已经过

去五年多了。达奇曾是一名海军陆战队飞行员，在放弃飞行成为一名准军事情报官之前，他是一名出色的直升机飞行员。从费卢杰的救护直升机，到美国总统的座机，他驾驶过各种飞机。我们在中情局共事时，达奇是我们的空军军官。从近距离空中支援，到监视飞行，再到降落伞补给，我们反恐特遣队的每件事都靠他来协调。达奇天生就是个怪人，在文氏图解①上，他位于艾伦·杜勒斯麾下冷战时期的中情局与韦斯·安德森②电影中各色人物的相交处。他收藏了很多精美的烟斗，其中有几款登喜路的，他会慷慨地与大家共享。在一连几天的越野巡逻中，我很快就开始与达奇在车里一起抽起烟来，夜视镜保护着我们的眼睛，我们嘴叼烟斗，喷云吐雾，而我当时的翻译阿里则坐在后排，把头懒洋洋地伸出窗外，呼吸着新鲜空气。达奇以他的古怪为盔甲，使自己与我们战争中的残酷现实隔绝开来。他甚至成立了"什金枪支、烟斗和狗舍俱乐部"，他坚持称之为 S-G-P-K-G。要成为会员，你必须有枪（我们都有），会抽烟斗（我们中很少有人抽烟斗），还要为我们收养的流浪狗提

---

① 一种图形表示方法，用于表示不同事物群组（集合）之间的交集和差异。
② 韦斯·安德森（Wes Anderson, 1969— ），美国电影导演、编剧和监制，曾获柏林电影节评审团银熊奖、最佳导演银熊奖和英国电影学院最佳原创剧本奖。他近年来最知名的电影是《布达佩斯大饭店》。

供食物（我们都在做）——所以会员资格实际上取决于你是否抽烟斗。他甚至还制作了专门的 T 恤。

我很想念他。

我问他在城里做什么，他解释说："刚刚出差回来，想和妻子出去度个周末。"

我没有问他出差去了哪里。我一度拥有的安全许可已不复存在，我不想问他去了哪里，从而让他陷入尴尬的境地。于是，我把他介绍给我的孩子们。他们依次走上前去，报出自己的名字，并和他握手。他们盯着达奇的眼睛，就像我努力教给他们的那样。这时他们的叔叔出现在大厅里。他们跑过去迎接他，刚才的沉静举止也随即消失。我的数学家弟弟也是一个深受喜爱的怪人，他为自己的迟到道了歉。他在房间里睡着了。我们要去吃晚餐，达奇也是一样。但我们约定，晚上在埃塞克斯酒店酒吧见面，一起喝杯酒叙叙旧。

除了一起为反恐特遣队巡逻外，我和达奇还曾一起在什金地区收集情报。我们各自管理着一批线人，从低级线人到招募的特工都有。我们一起处理过几起案例，其中一起牵扯到瓦济里部落的一名男子，我们给他起了个绰号叫"咯咯哒"，因为他有神经痉挛症，每当感到焦虑时，他会一边笑一边打嗝，而且经常发生在莫名其妙的时刻。咯咯哒居住在巴基斯坦，但他经常越过管理松懈的边境进入阿富汗与我们会面。他的专业领域，或者说实用性，就是我们所说的 BDAs，即战斗损伤评估。这些评估通常发生在巴基斯坦部落地区无人机袭击之后，我们需要确认是否击毙了目标。

大约在遇到咯咯哒的一年前，我成了一名准军事情报官。我的第一天是在中情局总部填写文件中度过的：医疗保健计划、罗斯个人退休账户、停车证申请、儿童保育津贴等。那是 2009 年的夏天，我从海军陆战队特种部队退役后，加入了中央情报局。我的整个成年时期都在为联邦政府工作，我预料到会有数不尽的文件，但在各种表格中，有一份文件特别引人注目——第12333号行政令，其中包括这样一条："任何受雇于或代表美国政府行事的人员，都不得参与或密谋参与暗杀行动。"

这看起来很简单。无声手枪和掺有氰化物的鸡尾酒只存在于电影中，它们不是真正的情报工作内容。所以我签署了这份行政令。我考虑更多的是，像我这样的菜鸟是否能在弗吉尼亚北部的中情局总部找到一个像样的停车位。几个月后，我开始了我的首次部署。作为一名准军事情报官，我和反恐特遣队一起训练和行动，但我也和非准军事情报官一起共事。我们共用的工作空间一直是一个没有窗户的地下室。我的同事们待在室内，躲在一排排电脑后面，策划无人机袭击。他们脸色苍白，显示出他们在部署期间所承受的压力。他们办公桌上堆满了一份份档案——塔利班高级领导人，基地组织成员，每个人都是被猎杀的目标。暗杀。

诚然，服务于多届总统政府的律师们已经拟定好语义论证，仔细界定了定点清除和暗杀之间的区别。但是，当你欲杀之人的照片摆在你的桌子上，当你看着无人机的袭击照亮了边境的夜空，然后你再把同一张照片移入文件中存档，这确实感觉像是一场暗杀。

我的同事们的不安，即使存在，也并非源于行动本身。档案中充斥着有关塔利班指挥官和基地组织成员的详细信息——我们已经将这些人确定为合法目标，他们在阿富汗杀害过我们的战友，或者野心勃勃，要在美国或西欧发动袭击。这种不安之所以存在，是因为我们感觉自己正在大规模从事我们发誓不会做的事情。我们大多数人都觉得自己违反了第12333号行政令。每个人都知道发生了什么——高级情报官、普通官员、政府当局，甚至是美国民众，虽然他们表面上不会容忍以他们的名义进行暗杀。

在美国，我们把这些暗杀计划隐藏在最高机密的幕布后面。在阿富汗和巴基斯坦——更不用说在叙利亚、也门和索马里这些国家了——这些暗杀计划已经成为日常生活的一部分。对这些国家的居民来说，这并不是什么秘密。而对我们来说，在我们自己的国家，这些暗杀行动成了我们自欺欺人的秘密。

这让我们想起了咯咯哒。巴基斯坦边境对面的小村庄瓦纳发生了一起无人机袭击，第二天早上，他来到我们军事基地的门前。经过搜查后，他被护送至一间会议室。那是一间由胶合板搭建的小屋，里面有一张沙发和一个咖啡桌，咖啡桌两边各放着一把塑料椅子。我和达奇坐在塑料椅子上。咯咯哒深深陷进仿皮沙发里，瘦弱的身躯几乎被吞没。

达奇问："你给我们带来了什么情报？"

桌子上摆着一碗 M&M 巧克力豆。咯咯哒已经抓起一把，这似乎成了他的早餐。他一边一粒一粒地吃着，一边讲述："昨天下午，在离瓦纳集市不远的地方发生了爆炸。"

他停顿了一下，似乎是为了增加戏剧效果。他的目光在我和达奇之间来回游移，不停地眨巴着眼睛。他那又黑又长、近乎女性化的睫毛上下呼扇，试图读懂我们的表情。"真的吗？"我说，"有人在爆炸中受伤吗？"

"有，"他谨慎地答道，"死了四名塔利班。"他又往嘴里塞了几粒巧克力豆。他肩膀抖动着，笑了起来。

昨天的袭击只摧毁了一辆车，所以死了四名塔利班是合乎情理的。我问："你知道他们是谁吗？"

他摇了摇头。"我也许能查出来。"

我瞥了一眼达奇。据以往来看，咯咯哒不擅长处理复杂的后续任务。让他去查找真相，可能会带来更多麻烦。此外，这次袭击的目标是一名叫纳齐尔的塔利班高级指挥官。达奇和我都不希望咯咯哒知道我们对纳齐尔感兴趣，也不想让他知道我们几乎确定了他的位置。这时达奇插话了,将我们的盘问稍微转移了一下方向:"你看到袭击了吗?"

"没有,"咯咯哒说,"我只是听说。"

"在哪里听说的?"我问。

"在我表哥的商店。"咯咯哒说,"爆炸发生时,有些人就在附近,他们正在谈论这件事。"

"他们是些什么人?"达奇问。

咯咯哒盯着天花板,仿佛在记忆中重新拼合当时的情景。"在我表哥的店里有……"他开始列举一系列的名字,尽管我们尽职尽责地在笔记本上记下了每个名字,但并不认为这些人具有什么情报价值。然后,就在咯咯哒要结束时,他又补充了最后一个名字:"……还有纳齐尔指挥官,他也在那里。"

"纳齐尔指挥官在你表哥的店里?"我问。

"是的,"咯咯哒说,"他经常去那里。"

我瞥了一眼达奇。咯咯哒注意到我的眼神,又开始笑。他接着又往嘴里塞了几颗巧克力豆。

"他多久去一次?"达奇问。

咯咯哒告诉我们,纳齐尔指挥官通常会在下午去他表哥的店里,喝茶或者聊天,每周一两次。达奇从椅子上起身,坐到沙发上,这样就和咯咯哒坐在了一起。我也起身坐到沙发上。我们面对着达奇的电脑。他在屏幕上调出了瓦纳的卫星地图。"你能告诉我们你表哥的商店在哪里吗?"

咯咯哒向前探了探身子。他盯着电脑,仿佛在悬崖边张望。我解释说,卫星图像的方向是自上而下的。他眨了眨眼睛,下巴向胸前靠拢,仿佛被眩晕所困扰。

我和塔奇之前遇到过这个问题。如果一个人不习惯看地图,或者从未从卫星的视角看到过自己的家,那么空中图像可能很难理解,这就需

要我们重新调整他们的视角,一步一步地解释他们所看到的内容。曾经是飞行员的达奇,承担起了这个任务。"想象你是一只鸟——"

咯咯哒插嘴道:"就像一只鹰?"

"对,像一只鹰。"达奇说,为了达到效果,他甚至像拍打翅膀一样开始抖动双臂。"想象你正在飞越瓦纳上空。你在这幅图像中看到的就是老鹰从天空俯瞰时看到的景象。明白吗?"

咯咯哒露出了令人振奋的微笑。他喜欢把自己想象成一只鹰。他的注意力重新回到卫星图像上,默默地坐在我们中间,眨巴着眼睛,揉搓着满是胡茬的下巴。他仍然无法确定他表哥商店的位置。

现在轮到我来试了。"从军事基地开始怎么样?"我指着地图上一片很大的建筑群,"你能告诉我们,怎么从那里走到你表哥的商店吗?"

咯咯哒紧张地笑笑。他不知道怎么走。

"或者从这里,"我指着主道旁的一片空地说,"从运动场到你表哥的商店怎么走?"

他又抓了一把巧克力豆,仿佛只有吃够了糖果,他才能以我们需要的方式看清下面的世界。他嘴里塞满了巧克力豆,继续茫然地盯着我们

第三幕 北门

的地图。

显然,这种方法行不通。"好吧,"我说,"为什么不选一个大家都熟悉的地方呢,然后告诉我们怎么从那里走到你表哥的商店。"

咯咯哒回头看了我一眼,说:"一个大家都熟悉的地方?"

"是的,"达奇补充道,"选一个你熟悉的地方。"

咯咯哒皱起眉头。他深深吸了一口气,然后兴奋而急促地喘气。他找到了一个完美的地方。"纳齐尔指挥官的家!"他说,"我可以告诉你们怎么从纳齐尔指挥官的家去我表哥的商店。"

我双臂交叉在胸前。达奇合上了他的笔记本。

我们问咯咯哒,能不能直接指出纳齐尔指挥官住在哪里。

七年过去了。我把孩子们哄睡,然后回到埃塞克斯酒店的酒吧。我和达奇在这里谈论起往年旧事,包括刚才那个故事。他提醒我,我们那天从咯咯哒那里收集到的原始情报进入了总统的每日简报。我们两人还收到了总部发来的贺电。我们笑了起来,这已经不是第一次了——想象一下吧,如果咯咯哒和美国总统之间存在着直接联系,那是多么可怕。之后我好奇地问咯咯哒现在怎么样了。

"哦,他还在那里。"达奇说。

"还在那里?"

"是的。"达奇呷了一口鸡尾酒,"我可能见过他……我不确定,就在三四个星期前。"

我很难想象这件事。这些年来,咯咯哒已成为我记忆中的一种象征,而不仅仅是一个人。我问他现在在做什么。

"还是同样的勾当,"达奇说,"主要是战损评估。几年前他惹了点麻烦,把同样的情报卖给了不同的情报官。但他还在为我们工作。他还能干什么?"

"那么,你最近一次出差是去了阿富汗?"

"是的,"达奇说,"这些日子我基本上都是在阿富汗进进出出。"

"我以为那边的情况已经缓和了。"

"你为什么会这么想?"

我张开嘴巴准备回答,但意识到我真的不知道自己为什么会这么想。也许,就像咯咯哒一样,战争在我记忆中如此突出,以至于很难想象它在现实中仍然存在。

达奇解释说,由于阿富汗常规部队的缩减,我们对秘密部队的依赖日益加重。这种负担,再加上在伊拉克和叙利亚打击伊斯兰国的战争,以及我们对也门、索马里甚至乌克兰的承诺,让他一年中的大部分时间都在路上。就像一个尝遍了菜单上每一道菜的美食家,最后才发现自己最喜欢的还是店里的特色菜一样,达奇解释了他对阿富汗持久的热爱。

他看了看表。已经很晚了,他妻子还在楼上等着他。

我告诉他,如果能再见到他该多好啊。

"会的,"他说,"我几周后就要返回。"

"那也许哪天我们可以在这附近吃午饭?"

"不,对不起,"他说,"我指的是几周后要回阿富汗,不是这里。"达奇不知道他下次何时来纽约。尽管如此,我们还是交换了电话号码,他答应,如果他真的回来了,会打电话给我。

第二场

威尼斯，达涅利酒店

———

我的岳父在我妻子出生时已年过半百。他和我岳母相差二十多岁。早在我妻子出生之前，早在遇到我岳母之前，他就参加了第二次世界大战。那时他在东亚地区的战略情报局工作。他因从敌后营救被击落的飞行员而获得铜星勋章。他能说一口流利的法语。在照片中，他留着一副整齐的铅笔胡，显得温文尔雅。他和其他战略情报局官员坐在桌子前，面前摆着一张地图，毫无疑问，他们正在策划一次大胆的救援任务。战争结束后，他回到家乡，成了一名在社区中备受尊敬的辩护律师。由他经手的出色案例和结案辩论的故事至今仍在流传。我多么希望能够见到

他。我妻子的家人也希望我能见到他。他常常被比作两个虚构的人物：阿提克斯·芬奇①和詹姆斯·邦德。

他最喜欢的威尼斯餐厅，就在达涅利酒店的楼顶上。餐厅俯瞰着大运河的入海口。几个月前——当时阿富汗政府仍然控制着喀布尔——我妻子为我们在这里预订了晚餐。过去的几个晚上，我们睡眠很少，白天又忙于照顾孩子。我们考虑取消预订，待在客房。因为这家餐厅是她父亲的最爱，我便问妻子，如果是她父亲，他是会保留预订还是待在房间。她毫不犹豫地说，他绝不会错过达涅利酒店的晚餐。

我们坐在楼顶上。夜色美好，温暖而晴朗。大运河的风光迤逦壮观。圆顶的圣马利亚礼安堂，坐落在海关大楼艺术博物馆之上，与我们隔水相望。礼安堂的正面灯火辉煌，雕刻着四尊华丽的雕像，代表四位使徒圣者——马太、马可、路加和约翰。每尊雕像都端坐在教堂入口上方的底座上。隔水眺望圣徒，我知道妻子在这里感觉和她的父亲很亲近，于是我们开始谈论他，谈论他对旅行的热爱，对知识的追求。"像流星坠落一样追寻知识。"这是他喜欢引用的丁尼生的一句诗。他爱他的家，他的家人。但他并不安于现状。

---

① 美国作家哈珀·李的小说《杀死一只知更鸟》中一位虚构的律师，代表着善良、公正和宽容。

第三幕 北门　　099

我妻子不止一次告诉我，我在某些方面让她想起自己的父亲。当然，能与她的父亲相提并论，真是令人受宠若惊。坐在这个楼顶上，我想象着他在我这样的年纪来到这里，开启他的第二次职业生涯，踏入他的第二个人生阶段，还有美丽的妻子陪在身畔，这座古老而独特的城市在他的脚下展开，就像他年轻时征服的土地。

他的战争是由"最伟大的一代"参与的。我的战争主要是由千禧一代进行的。我曾经遇到过一位海军陆战队员出身的警察，一位阿富汗战争的老兵，他告诉我，他之所以在2009年十七岁时入伍，是因为他对八年前"9·11"事件的反应。我指出，对于一个九岁的孩子而言，这似乎是一个相当戏剧性的反应，他说："社会对千禧一代存有偏见，但人们忘记了千禧一代作为志愿军参加了美国最长的战争。"

我生于1980年，根据某些人的定义，我属于千禧一代，但我从来不觉得自己是这个世代的一员。我曾经向我的另一个朋友提起此事。他过去是一名炸弹技师，在伊拉克打过仗，和我年纪相仿。他说，他也从来不觉得自己属于千禧一代，所以他提出一个不同的世代划分标准：如果你足够成熟，对"9·11"事件有成年人的反应，你就不属于千禧一代。按照这个标准，我根本就不是千禧一代。但我那位海军陆战队员出身的警察朋友也不是。九岁时，他就有了某种明显的成人反应：决定参军；八年后他坚持初心，说服父母签了一份年龄豁免书。在美国，战争曾被视为几代人共同的试金石，但现在，由于我们是全志愿者军队，人们不再以同样的方式经历战争。过去的那种方式，是否能够减轻战后返乡的格格不入感？也许吧。我想，我宁可成为迷惘一代的一员，也不愿成为一代人中的迷惘之徒。

2017年，为了塑造一代人的记忆，国会通过了《全球反恐战争纪念法案》，授权在国家广场建造一座纪念碑。该法案的共同发起人之一是众议员塞斯·莫尔顿。塞斯和我是海军陆战队的同龄人，法案通过后不久，我和他一起在国家广场跑步，经过一些可能建造纪念碑的场地。那是七月一个闷热的早晨，我们在朗沃思①办公大楼前会面。塞斯穿着一件伊拉克时期的浅棕色安德玛旧衬衫。我们沿着广场的南侧向西慢跑，和其他慢跑者一起，绕过广阔的草坪，向林肯纪念堂行进。我问他如何设计一座纪念碑来纪念我们的战争，他笑了，说："如果有来生，我希望成为一个建筑师。"我竭力追问。毕竟，他是这项法案的共同发起人。如果这座纪念碑得以建成，很大程度上要归功于他的努力。最终，他提出："它应该以理想主义的目标开始，而后逐渐陷入困境。它需要成为一座永恒的纪念碑，以纪念一场永无休止的战争。"

建一座纪念碑，纪念一场永无休止的战争，这是个有趣的设想。有人说，战争是一种现象，就像大火、飓风等其他不可避免的自然灾害一样，尽管战争当然是人性的一部分。也许对于真正的艺术家来说，这将是一个创造最真实的战争纪念碑的机会，以纪念我们人性中的这种缺陷。

如果由我来决定，我会摒弃美国所有的战争纪念碑，把它们合并成一堵黑色的反光花岗岩石墙，就像玛雅·林（林璎）为越战纪念碑设计的编号为 1026 的获奖作品那样。

我会把这堵石墙建在倒影池旁边，位于华盛顿纪念碑和林肯纪念堂长长的阴影下，让它像但丁的作品一样沉入地下。墙上刻着名字，第一个应该是克里斯普斯·阿塔克斯（Crispus Attucks）——一位在波士顿大屠杀中遭红衣军②枪杀的黑人市民。从那里开始，墙将向下倾斜，每一次死亡都会使它陷入地下更深，它下降的角度由 130 万个名字决定，这是我们国家累计的战争死亡人数。这堵墙本身是没有尽头的。每当有新的战争开始，我们不需要再建造新的纪念碑。我们不需要就国家广场

---

① 指众议院大楼。
② 指的是美国独立战争期间英国军队的士兵，他们因着红色制服而得名。

第三幕 北门　101

102　第五幕：美国在阿富汗的终结

的地产问题进行辩论。相反，我们会让纪念墙继续下沉。（如果你在部队学到了一样东西，那就是如何挖地。）我们的战争会让我们越陷越深。为了纪念新的阵亡者，我们必须走过所有以前的阵亡者。战争中的人员伤亡将永远展示在一个纪念地，而不是分散在整个广场。

这座纪念碑还会有一个现实的功能：想象一下，假使国会通过立法，确保每次总统签署军队部署令时，他或她都必须下到这个坑里。在这里，在最后一个名字旁边，也就是上一个为保卫这个国家或其利益而牺牲的人的名字旁边，会有一支特殊的笔，不需要多么华丽，但根据法律，只有这支笔才能签署这样的命令。

我已经有些时间没有想过和塞斯在国家广场跑步的事了。我和妻子坐在达涅利酒店的楼顶，谈论着我们的孩子，这时我的手机响了。来电显示为未知号码。通常情况下，我晚餐时不接电话。但过去几天非同寻常。我拿起电话，妻子耐心地等着。"您好？"

"嘿，伙计，我是塞斯。听着，我在喀布尔，就在哈米德·卡尔扎伊国际机场。"原来，塞斯和国会议员彼得·梅杰在一片争议声中跳上了一架军用飞机。两人想亲自去了解一下情况。"如果你需要什么帮助，"他补充道，"接下来的几个小时我都在这里，也许能帮上忙。"

要是塞斯昨晚到就好了。他也许能帮我们打开机场的一个大门。继上次失败后，我们今晚没有进入机场的预定计划，除非我们找到更可靠的方式通过大门，而不是依赖一支车队，因为车队会成为巨大而危险的目标。塞斯热切地想要帮忙。我想，他打给我的这个电话，可能是他打的几十个类似电话中的一个。他说，如果有什么变化，我可以在 Signal 上联系他。他会尽力而为。我很高兴他去了机场，并把这一点告诉了他。

"刚才是谁？"挂断电话后，我妻子问。

"是塞斯，他在喀布尔。"

我们的所在地与塞斯打来电话的地方之间的心理错位，让我们陷入了短暂的沉默。我妻子接着问:"你觉得他还好吗?"她没有具体表达自己担忧的性质,但她无需这样做。在过去的几天里,她见证了战争如何把我重新拖入其轨道。在我们的退伍军人朋友中,她也看到了同样的情况。现在,因为塞斯,她看到一名老兵不仅在精神上回到了阿富汗,而且在身体上也回到了那里。诚然,他是众议院军事委员会的成员,因此有人可能会说,他不是一名重返战场的老兵,而是一名履行自己监督职责的国会议员。但真正让塞斯与众不同的不是他所担任的职务,而是他有机会坐上一架飞机,我们很多人都想搭乘同一架飞机,这样我们就可以重返阿富汗,结束我们的战争,亲自见证这场战争的最后一幕。

这场战争的最终落幕,比我在伊拉克的另一场战争更加艰难。2014年,当费卢杰等城市落入伊斯兰国之手时,它所带来的情感冲击,远不如看着塔利班闪电般攻陷阿富汗全境那么强烈。喀布尔陷落后不久,我和另一位朋友乔希通了电话,他是海军学院的毕业生。他也在费卢杰打过仗,之后又在阿富汗西部作战。我们两人都很难理解我们对这两场战争结束的不同反应。我们曾在同一个海军陆战队特种作战部队服役,又在一年内先后为同一批阿富汗突击队员做顾问。我们在部队的经历非常相似。我们参加过同样的战斗,获得过同样的勋章,有许多共同的教官和朋友。我们的儿子也年龄相仿。我们那天通话的表面原因,是为了协调一次计划已久的旅行——我们要带两个儿子去安纳波利斯,观看"9·11"事件二十周年纪念日海军对阵空军的橄榄球比赛。鉴于阿富汗最近发生的事件,这场比赛将引起截然不同的共鸣。

"对你来说,这比伊拉克战争的结束更难接受吗?"我问乔希。

"肯定更难。"

"为什么?"

虽然乔希和我有很多共同之处,但我们的经历有一点不同:乔希是从海军陆战队因伤退役的。在第三次受伤前,乔希已经获得两枚紫心勋章,但第三次发生在一架A-10"雷电"攻击机飞过头顶时,它的30毫米加农炮偏离了目标。炮弹的碎片几乎让乔希失去了右膝以下的腿部功能。他走路时需要佩戴支架。但乔希给出的原因与他最后一次受伤无关。"阿富汗战争是一场正义之战,"他说,"没有人从伊拉克袭击我们。"

在我们国家的历史上,只有两次战争是源于对我们祖国的袭击。第一次是第二次世界大战,这场冲突以我们的敌人无条件投降而告终。第二次是阿富汗战争,随着我们的无条件投降而结束。我们的敌人,那些为我们的撤离设定条件的人,不是纳粹德国或日本帝国,而是7万5千名塔利班分子。他们在向世界上规模最大、兵力最强的军队发号施令。这是一件令人痛苦的事情,也是一种耻辱。更讽刺的是,有理有据地说,我们的另一场战争,即伊拉克战争(基于错误的前提),实际上我们并没有输掉。我当然不会说我们赢了伊拉克战争,但我也不会说我们输了,尤其是这个国家已经成功地连续举行了四届议会选举,且没有发生任何重大暴力事件。是的,伊拉克政府功能失调,但我们自己的政府也是如此。美国在伊拉克喜忧参半的结果,加上我们在阿富汗的明确失败,让人感觉这不仅是对国家的控诉,也是对一代人的控诉。

当我的岳父战后坐在达涅利酒店的楼顶上时,这些问题对他来说并不存在。而我们就不同了。参与战争是一种体验,但赢得或输掉战争则完全是另一种体验。这就是我和他的不同之处。

我和妻子很享受我们的餐点。我们努力谈论其他的事情。我们逗留的时间比我想象的要长,我们两个人沉醉于这里的风景、这座城市以及这个地方的魔力。最后,服务员送来了账单。我妻子拦住他,问他介不介意给我们拍张合影。我们走到栏杆旁。城市就在脚下。水在我们的前方。礼安堂矗立在我们的一侧,它的圆顶仿佛第三个人一样融入了画面。服务员拍下了照片,把妻子的手机还给她。她看到照片时甜甜地笑了。她会把照片发给她母亲,说:"这会让她想起我爸爸。"

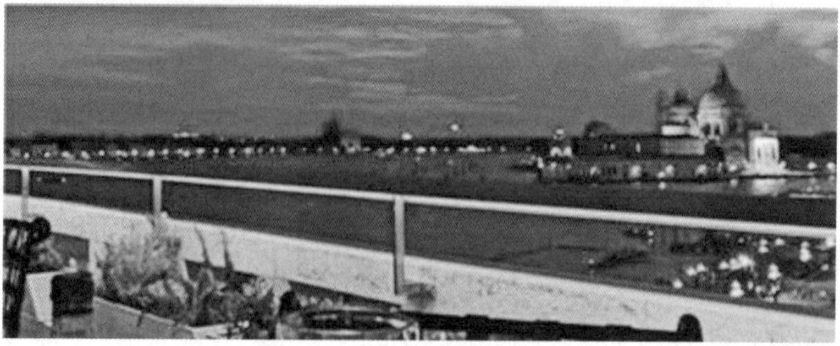

第三场

2008年，赫拉特省，托马斯军事基地

  莫梅兹牺牲后，少校来看望我们。一周前，他从巴格拉姆回到了赫拉特的总部。他的车队有四辆车，一路向南行驶了三个小时，午饭前不久，在一片尘土飞扬中抵达了我们的军事基地。当少校和他车队的人在我们的碎石停车场下车时，我看到了管子。他从一辆RG‑33的车门上荡了下来。这是一款新型超级装甲车，一辆巨兽般大小的梦幻战车，专为抵御最猛烈的简易爆炸装置而设计。与我们的悍马不同，RG‑33有一个遥控炮塔，可以让炮手安全地坐进车辆的钢铁框架内。它还配备了一套功能强大的无线电设备，可以让管子与远处的飞机更好地通信。RG‑33看起来很凶悍，充满复仇感，就像好莱坞为漫威电影设计的那种车辆，但它却进入了我们的战争。

  少校到达时很恼火。说是在开车来的路上，他和管子的通信时断时续。如果少校的悍马无法与管子的新型超级无线电进行通话，那么这套设备有什么好？我走近少校，听到他告诉管子，他们需要解决这个问题。我穿过停车场，迎接少校的到来。我告诉他，我们已经准备好午餐。他向我道谢，然后我们走向帐篷餐厅。管子与我们同行。他的胡子似乎又长了一些。我在午餐时向管子说起这事，他顽劣地撅了撅胡子。他的手似乎也在逐渐康复。

我们坐在餐厅里一张野餐桌旁,上面铺着一块塑料桌布。阿富汗工人用不锈钢大桶为我们准备了饭菜。我们把食物盛进塑料盘子里,用塑料餐具进餐。威利和超级戴夫也和我们坐在一起。少校正在向超级戴夫询问他小组的情况,以及他们的表现。尽管我们都为失去莫梅兹而感到悲痛,但他是戴夫的手下,是特种部队的成员,并不是我们的士兵,也不属于海军陆战队。戴夫很乐观,也很感激少校的关心。他没有告诉少校,他队伍里有些人在问,为什么车上的其他人没有试着去救莫梅兹,为什么这一任务落到了管子肩上。戴夫的军士长本可以早点赶到莫梅兹身边。但他没有。(戴夫很快就会因为他的失职而开除他。)

　　见到管子,每个人都很高兴。兰格和红毛走过来问候他,愤怒戴夫和特种部队的其他几名成员也过来问好。大家都知道管子已经尽了全力。他仍然缠着绷带的双手就是明证。用餐完毕,我们这桌人同时站了起来。我们要步行前往战术行动中心,我将在那里向少校汇报我们即将执行的任务,包括计划在我们南边的泽尔科山谷进行一系列直升机突

第五幕:美国在阿富汗的终结

袭。那里有一片村落，成了塔利班分子的藏匿之地——一年前，在一场有争议的战斗之后，卡尔扎伊政府宣布禁止阿富汗和美国军队进入该地区。

在去往战术行动中心的路上，少校让我稍作停留。"有一件事我想和你谈谈。"他走下战术行动中心和餐厅之间的碎石路，朝一片尘土弥漫的小树林走去，避开众人的视线。我跟在少校身后，发现管子同情地看了我一眼，好像他知道接下来会发生什么，好像少校已经向他预告了我们即将进行的谈话。

"怎么了，长官？"我想让自己听起来轻松一些。

他双臂交叉放在胸前。"你想给我讲讲发生在舍万的事情吗？"

我把手插进口袋。"长官，你什么意思？"

"我们不能丢下自己的人不管。"

"我们没有丢下任何人。"

"我当时命令你回去找努涅兹中士。"

我双手叉腰，侧身躲开少校。"长官，除了两辆车外，我们的每一辆车都拖着另一辆炸毁的车。我只有那两辆车可以驶回舍万。如果我们尝试那样做，我们会有更多伤亡，可能会有更多人牺牲，情况会变得更糟。况且最后，友队也成功地——"

少校打断了我的话。"他是你的责任。"

"其他人也是我的责任。我不是要违抗命令。我是想让你明白，我们的处境有多么危险。"

"我了解情况。"少校的双臂仍然交叉在胸前。他说话的时候几乎没有张嘴。"我当时在场。"

"长官，"我说，"你他妈的在巴格拉姆。"

我站在那里，承受着他的训斥。少校告诉我，他在不在巴格拉姆并不重要。就算他在月球也无所谓。他是我的指挥官，他给我下了一道命令。我没有遵循，或者至少没有按他希望的方式去办。他指出，即使他在巴格拉姆，他的直觉也被证明是正确的，因为我们的友队最终毫发无损地找回了莫梅兹的遗体。根据少校的说法，我们的友队完成了本该由我们完成的任务。

他最后说："这里没有人怀疑你的勇气。但我确实怀疑你的判断力。不要再发生这种事了。"我问他，是不是就这些。他说是的。然后，我们向战术指挥中心走去，我在那里向他介绍了我们即将在泽尔科山谷执行的任务。讲解结束后，大家就少校和总部人员是否会留下来吃晚饭讨论了一番。威利以为我们可能还有些牛排，就在储存食物的大型冷藏集装箱里。我们的厨师查看了一下，但牛排要等下一趟补给航班才能送到。少校决定返回赫拉特。在我们的碎石停车场，管子站在外面，等着红毛对他的 RG-33 车载无线电做最后调整，这样他们就不会再遇上之前的通信问题了。管子把我拉到一边，问："你没事吧？"

"我没事，我很好。不过，牛排的事我很抱歉。"

他笑了。我们以后再吃牛排，他问少校说了些什么。于是我告诉了他，尤其是那句：不是怀疑我的勇气，只是怀疑我的判断力。"有趣的是，"我说，"我却开始觉得情况正好相反。这场战争持续得越久，我就越相信自己的判断力，但越来越怀疑自己的勇气。"

管子还没来得及回应，红毛就从 RG-33 的驾驶室里探出头来。他握着无线话筒向我们喊道："嘿，无线电修好了，上车吧，现在声音响亮又清晰。"

第四场

威尼斯，托尔切洛

———

我们一行六人跟随导游走在一条砾石小路上。她一边倒着走，一边讲解这个地方的历史。托尔切洛是威尼斯最古老的有人居住的岛屿。公元 452 年，匈奴王阿提拉洗劫了港口城市阿尔提纳姆，罗马居民逃向潟湖。他们四处流散，成了城市难民，寻求水上避难所，躲避侵略和战争。他们还带来了自己的教堂。公元 639 年，阿尔提纳姆的主教坐镇托尔切洛，建造了我们即将看到的圣马利亚升天大教堂。托尔切洛在约五百年间繁荣兴盛，成为权力和商业中心。在其鼎盛时期，估计有 35 000 名居民，比威尼斯还要强大。但时过境迁。水位上升引起的环境变化和 14 世纪的黑死病大流行使托尔切洛遭受重创。它的居民再次逃离。如今，托尔切洛只有 12 名居民。圣玛利亚升天大教堂的尖顶从树梢映入眼帘。

我落在家人后面，边走边打电话。我的一个朋友理查德今天早上打电话给我，问能不能帮他一个忙。他侄子的大学室友在特种部队服役。我从未见过他侄子的室友，但他有一名翻译被困在喀布尔。翻译的名字叫沙阿，理查德不仅想把他救出来，还想救出他有七个月身孕的妻子福罗赞。我们在南门的尝试失败后，我告诉理查德，我不确定自己能提供什么帮助，但理查德和沙阿正在尝试各种办法，包括在电话中向我请教。沙阿和他的妻子目前待在由加拿大人资助的安全屋里，加拿大人正

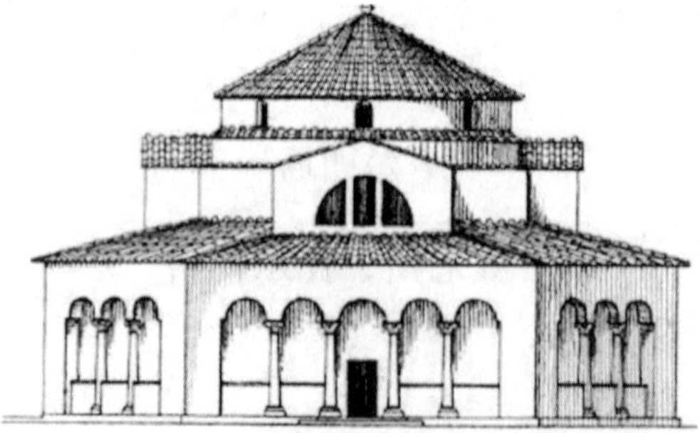

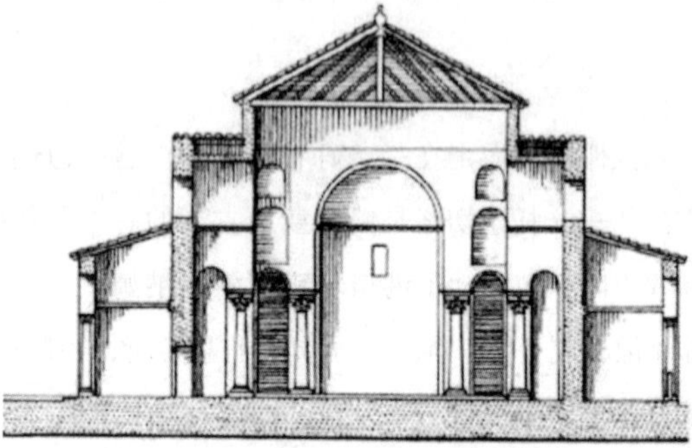

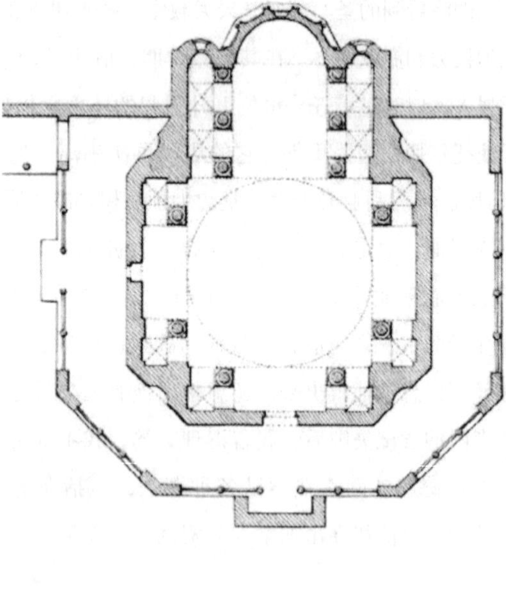

试图将他们从喀布尔撤离，但进展甚微。沙阿通过一个与前阿富汗王室有关联的人得知，如果他去哈米德·卡尔扎伊国际机场，告诉那里的海军陆战队员一个特定的口令，他们会让他进去。沙阿想前往机场碰碰运气，试试那个所谓的王室口令。理查德是一位成功而务实的商人，他解释完情况后问：“你怎么看？这听起来可行吗？”

"不，"我说，"这听起来并不可行。"我没有说出口，但心里想，这听起来很绝望，也是阿富汗全面崩溃的另一个证据。如果加拿大人相信他们可以撤离沙阿和他的妻子，他应该留在安全屋。加拿大人到时会通知他离开，这样的机会可能只有一次。如果他在机场试图说服一群神经紧张、动辄发怒的海军陆战队员，让他们相信阿富汗王室口令的真实性，他可能会错过唯一的逃生机会。或者更糟。

理查德同意我的说法，但表示他很难说服沙阿留在原地。在这种事上，沙阿对加拿大人或美国人没有什么信心。他宁愿相信五十年前被废黜的阿富汗王室，以及那可疑的秘密口令。当然，沙阿的不信任并不令人意外。阿富汗战争的结束意味着二十年承诺的终结：对那些冒着巨大个人风险与我们结盟的地方领导人的承诺；对那些为了平等而努力的女性的承诺；对像沙阿这样为了防止国家崩溃而战斗的阿富汗士兵的承诺；还有对阿富汗政府本身的承诺。然而，这不是单方面的。阿富汗多年来的腐败，加上背后与伊朗、巴基斯坦等对手勾勾搭搭，使我们与哈米德·卡尔扎伊和阿什拉夫·加尼总统领导下的阿富汗政府关系紧张。在战争中，阿富汗人并不总是可靠的合作伙伴。他们挪用了数十亿美元的援助款。他们参与鸦片贸易。他们的高层指挥碌碌无能，玩忽职守。背叛当然是双向的，而且发生过很多次。

特朗普政府与塔利班达成的和平协议就是这些背叛之一。从一开始，阿富汗政府就没有参与这些谈判，它们是在美国和塔利班之间直接进行的。这种策略类似于美国在越战期间进行的那种很成问题的谈判，这

第三幕　北门　　113

些谈判导致了1973年《巴黎和平协议》的出台。在谈判中，国家安全顾问亨利·基辛格排除了南越政府。为了结束那场战争，我们直接与北越进行谈判，并将最终条款作为既成事实，呈给了南越总统阮文绍。他有几天时间来接受这些条款，否则美国就威胁要切断对南越的援助，而华盛顿长期以来对南越政府并不重视。最终，这些条款被接受，这进一步削弱了本已脆弱的南越政府的合法性，并为两年后西贡的陷落铺平了道路。

在多哈，美国谈判代表以同样的方式对待喀布尔。2020年2月29日，特朗普政府与塔利班签署协议，致命地剥夺了加尼总统及其中央政府的合法性。该协议在未经阿富汗政府同意的情况下释放了5 000名塔利班囚犯。在一段又一段的长篇大论中，美国拒绝承认塔利班，协议的每一条款都冠以："美国不承认阿富汗伊斯兰酋长国是一个国家，而称其为塔利班……"然而，美国谈判代表一路自相矛盾下去，当他们在多哈协议中引入以下措施时，暗示他们预期塔利班将接管阿富汗："美国不承认阿富汗伊斯兰酋长国是一个国家，而称其为塔利班，该政权不得向那些威胁美国及其盟友安全的人提供进入阿富汗的签证、护照、旅行许可或其他合法文件。"

只有主权国家才有权签发合法的旅行证件。在同一句话中，美国既否认又承认塔利班即将掌控阿富汗的前景。想象一下吧，作为阿富汗政府的一员，读到这种措辞会是什么感受？难怪我们的阿富汗盟友认为我们两面三刀。难怪像沙阿这样的人对我们的承诺已经不抱希望。他不愿留在加拿大人的安全屋，他认为我们的承诺虚无飘渺，决定自己去机场碰碰运气，我真的该对此感到惊讶吗？

在与理查德通话结束前，他问我有没有听说有关车队前往哈米德·卡尔扎伊国际机场的其他消息。不幸的是，我没有听说。自从在南门的尝试失败后，我们越来越一致认为，鉴于机场拥挤不堪，大型车队已不再可行。当天早晨，我通过Signal向克里斯·理查德拉中校发了一条信息，询问北门的情况，看他和他的海军陆战队员能否帮我们把几个人带进机场。我还没有收到他的回复，我告诉理查德，有消息我会通知他。我们结束了通话。

我回到家人身边，他们已经进入了大教堂，站在一排排密密麻麻镶嵌在墙壁上的天使、魔鬼和圣人中间。这里的主导色是金色，但岁月磨灭了它的光彩。我们的导游站在教堂的前厅，她讲解道，这是一种独立的门厅区，是中世纪前或拜占庭时期教堂的典型特征。我们从前厅看向大教堂的主殿。这里有一幅著名的十一世纪马赛克镶嵌画，装饰着更多的金色浮雕，描绘的是怀抱圣婴耶稣的圣母马利亚。圣母望着她的孩子，暗示他即通往救赎之路。导游解释道，这座教堂这样设计，是为了让你一进来就能看到一个戏剧性的救赎形象，让你深受触动，并吸引你深入内部。主殿的对面是西墙，上面是第二幅令人惊叹的马赛克镶嵌画，描绘了"耶稣受难"和"地狱救赎"中的场景，然后下面的那一幅是"末日审判"。她解释说，西墙的设计是为了营造一种完全不同的效果。"当你进入教堂时，西墙在你的身后，所以起初你看不到它。你只能看到圣母，你的救赎。但当你离开时，站在出口的那一刻，你会想起自己所有的罪恶。"

在西墙的右下角，靠近出口的地方，是一幅由七个图像组成的马赛克镶嵌画。导游解释说，按照十一世纪的标准，这是对七宗罪的生动描绘。我的孩子们被这些血腥的画面迷住了。一堆被砍下的戴着珠宝耳环和项链的头颅代表着贪婪。眼窝里爬满毒蛇的骷髅代表着嫉妒。导游带着病态的愉悦解释着每一个图像。孩子们迫不及待想知道哪种罪是最重的。

我说："这些都是重罪。"

导游迅速纠正了我。"事实上，古代基督徒相信，有一种罪是所有罪中最大的。"她指向顶部的一个图像，这是七个图像中最大的一个。画面中，路西法坐在装饰着公羊头和其他异教符号的宝座上。他被地狱的火焰包围着。他膝上是一个孩子，正是"敌基督"，他爱怜地抱着这

第三幕　北门　　115

个孩子，就像对面墙上圣母马利亚怀抱圣婴耶稣一样。两个复仇天使正在用长矛将路西法的受害者捅入地狱之火。在这里，他们不仅要受到烈火的熬煎，还要受到一群长着翅膀的恶魔的折磨，这些恶魔盘旋在路西法的头顶，紧紧抓着被砍掉的头颅，准备交给他。这些受害者都有一个共同点：每个人都戴着王冠。他们是各国的君主，国家的领袖。导游解释了他们的罪恶。"骄傲。"她说，"古代基督徒认为所有的罪都源于骄傲。所以他们把这幅图放在这里，在你走出大门时，作为一个小小的提醒。"

我们已经离开大教堂，正在院子里闲逛，这时我的手机响了。是理查德拉中校打来的。"很抱歉这么久才回复你，"他说，"我一直在忙。"他解释说，他的步兵营仍然控制着北门。他无法让任何车辆通过，但那里有一个很小的入口——只是一道小门——如果我能让人们步行到那个入口，他的海军陆战队员就能走进人群，趁机抓住他们，然后带进机场。

"我来安排一下，"我说，"之后我会在 Signal 上联系你，你可以告诉我把人送到入口的最佳时间。"

他说，这听起来不错，然后我问他，是不是只有他的步兵营驻守在机场。理查德拉解释说还有另一个营，这两个营是一支规模更大的海军陆战队特遣队的一部分，由一名上校指挥。当他提及上校的名字时，我立刻想到了是谁。理查德拉说："你以前在阿富汗的时候……不是在他手下吗？当时他还是一名少校。"

第五场

2008年，赫拉特省，托马斯军事基地

———

事后证明，我们在泽尔科山谷的行动取得了成功。我们发动了一系列直升机和陆上突袭，几个月来一直以此山谷为庇护所的塔利班逃走了。阿富汗军方和警察已经在重新确立控制权，商讨着一系列新哨所的位置。阿富汗突击队员和作为顾问的我们都士气高昂。我们花了数周时间才确保了山谷的安全，任务完成后，来自上级的祝贺纷至沓来，包括指挥驻阿富汗所有盟军部队的将军。在行动开始前，超级戴夫和我需要亲自向将军汇报情况。他特意告诉我们，他费尽心思才说服卡尔扎伊总统批准了这次行动。卡尔扎伊担心可能会导致平民伤亡，并让他重新卷入复杂的部落政治之中，而这正是泽尔科山谷当初成为庇护所的原因。将军希望我们的行动万无一失，他给我们的临别赠言是："不要搞砸了。"而我们并没有搞砸。现在看来我们无所不能。

少校也对我们很满意。我们为他效劳，所以我们的成功就是他的成功。泽尔科山谷的胜利弥补了舍万的失败。我们继续向前，因为别无选择。

随着泽尔科行动中的夜间突袭、空袭和炮战的结束，我们过渡到更注重民政事务的阶段。在这个阶段，阿富汗突击队将退居幕后。然而，少校和他的指挥部将发挥更为核心的作用，需要跟当地的政治掮客就泽

尔科山谷的长期安全计划进行谈判,正是这同一帮掮客,几周前还在与塔利班合作。按照美国军方的说法,这种任务有一个名称:关键领导人接触。如果它有一个名称,那就有一个首字母缩写:KLE。

在最后一批突击队员撤出泽尔科山谷几天后,少校和他的指挥部安排了一次这样的关键领导人接触。他们一大早从赫拉特出发,六辆车的车队勉强在午餐时间赶到了我们的基地。他们匆匆忙忙吃完饭。少校知道我们在泽尔科山谷取得的进展是多么脆弱,他不想迟到。他担心会进一步疏远村里的长老们。他们在山谷里忍受了数个星期的战斗,已经失去耐心。然而,少校指挥部的人员可不乐意这么仓促。他们渴望一顿像样的饭菜。我不记得那天我们餐厅供应的是什么了,但我记得指挥部的海军陆战队员们垂头丧气,慢吞吞地回到了他们的车上。其中包括坐在少校悍马车引擎盖上的管子。他抽起了烟,还递给我一支万宝路。

"你现在和少校同乘一辆车?"我问。

他苦笑着说:"最好别提。"随后解释说,他们一直无法让 RG–33 的无线电设备与少校的悍马车无缝通信。他们尝试了一切办法,甚至绞尽脑汁用各种方式给无线电重新布线,但都没有奏效。最后,少校失去了耐心。管子坐进了他的车,挤在他旁边的座位上,即使这意味着管子无法再与头顶的飞机通畅交流。

第三幕 北门

我说:"这太糟糕了。"

管子耸耸肩,然后转移了话题。"你们之前答应我们的牛排是怎么回事?"他对午餐的质量又抱怨了几句,然后开始了小小的责难刑罚,让我心生内疚,感觉自己不是个称职的主人,给他和指挥部的海军陆战队员提供了一顿难以下咽的饭菜。"关键领导人接触结束后,我们还会经过这里。那时应该是晚餐时间了。你可以用牛排来补偿下。"

"你高估了我对晚餐菜单的影响,"我说,"保管牛排的人是威利,不是我。"但是我答应管子会过问此事。无论如何,我们也应该吃顿牛排了。据我所知,我们的冷柜里还有一些存货。

指挥部的车队很快就在午后的尘土中启程了。车辆驶出我们的大门,一小时后就会进入山谷。他们离开后,基地又恢复了平静。我的房间紧挨着战术指挥中心。我坐在桌前,能听到断断续续的无线电通话,他们在呼叫检查站。威利过来了,我问起牛排的事。他告诉我,我们的厨师已经在准备了。处理了几十封邮件和几通电话后,终于到了晚餐时间。但指挥部还在山谷里。我们只得在他们回来之前开饭。我让无线电值班员转告他们,等他们回来时我们会准备好晚餐。我和威利、超级戴夫一起走向餐厅。晚餐很丰盛。我们吃饱之后,有说有笑地坐了很久。当时正值盛夏,我们漫步走到外面时天还亮着。就在这时,我在通往战术指挥中心的碎石小路上看到了红毛。我们的目光交会,他径直向我跑来。

"长官,"他压低声音说,"指挥部请求医疗救护。听起来他们刚刚撞上了简易炸弹。"我问红毛情况有多严重,他递给我一张便条。上面潦草地写着完整的请求。但我只注意到一个伤亡码——*LA*……劳顿……管子——以及他的医疗救护状态:常规救助。

第六场

威尼斯,一间酒店客房

一

沙阿和他的妻子再也没有回到加拿大人的安全屋。他们的计划——利用从熟人那里得到的阿富汗王室口令进入机场——失败了。之后,他们在机场附近的一个加油站过了一夜。当沙阿和他的妻子在加油站休息时,我和妻子正在给孩子收拾行李,为我们最后一段旅程做准备。我们预订了第二天早上飞往南方的国内航班,计划在海边度过几天愉快的时光。在我们收拾行李时,我还在 Signal 上与理查德(他与沙阿有联系)、理查德拉(他已经确认他的海军陆战队员将在早上帮助我们),以及伊恩(他有一个小组的撤离人员,由一名阿富汗妇女阿迪巴领头,他想让这个小组与沙阿会合)交换信息。

我们的计划是让所有人一起进入北门。但伊恩的小组精疲力竭,不愿意离开安全的清真寺,他们已经安顿下来准备过夜。而沙阿也不愿意去寻找伊恩的小组。他怀孕的妻子正在苦苦支撑,几乎难以站稳。他们之前试图进入北门,她已经累坏了,需要休息。沙阿不想离她太远。伊恩和理查德在 Signal 上交流了数小时,试图解决这次会合的问题。他们从未见过面。

当天早晨,我和伊恩通了电话。我们两人都说,这种越来越多普通民众参与的撤离是多么离奇,它让我们与素未谋面者置身于同一聊天群,争分夺秒地撤离我们知之甚少的阿富汗人,且常常是通过我们几乎不认识的美国人的介绍。伊恩很愤怒,因为我们的政府缺乏相应的机制,人们只能利用个人关系网,来决定某人是否可以进入机场,阿富汗人的生死取决于他们的手机联系人名单。伊恩说,这让他想起了这场战争,也是以类似的个人和关系网方式进行的。伊恩的话让我想起我们过去追捕的目标,有时是追捕多年的基地组织头目和塔利班指挥官。我们与他们变得熟悉起来,这种关系具有类似熟人的性质,我们还会从报告中得知,我们的对手也隐约知道我们是谁,他们了解我们的部队,在某些情况下,还了解是哪些人在他们熟悉的阿富汗基地轮换进出。这场早已被人遗忘的战争,曾经在如此亲密的关系下进行。

现在,它也要以这种方式结束。

时间已经很晚了。关于阿迪巴和她的小组,伊恩写道:他们极度疲乏,想休息一下再继续前行。他们都累得不能动弹,却又恐惧得坐立不安。

我自己也累极了,倒头便睡。

第二天早上,我和妻子匆忙让孩子们吃完早饭,离开酒店,坐上了出租车,这时又来了一条信息。这是我们一直在等待的信息,来自理查德拉:

各位好。我们有多少人准备从北门进入?

第七场

2008年，赫拉特省，泽尔科山谷

——

我们的标准操作程序，是将黑色塑料袋放在每辆卡车的后部，不让人看见。管子的遗骸装在其中一个拉上拉链的袋子里。袋子放在附近一块烧焦的沙土地上，离弹坑不远。被炸毁的悍马车停在弹坑的边缘。鲜血像泼洒出的油漆一样，染红了引擎盖和车轮防护罩。车队中的其他车辆呈扇形散开，车载机枪回击着简易炸弹和来自山谷的冒犯，但就像楼梯妙语[①]一样，为时已晚。少校坐在 RG-33 装甲车里，像一名在中场休息时茫然无措的拳击手，手里抓着一个无线话筒，却并不讲话。我们不到一个小时就赶到了这里。空气中仍然可以闻到爆炸物的气息，还有火药和汽油混合在一起的刺鼻味道。大家都在小声耳语。管子死了。

我们需要从炸毁的悍马车上取出所有敏感物品，主要是管子的加密无线电设备。然后我们需要把悍马车拼装起来，以便把它拖回我们的基地。我们一直工作到深夜，一圈车灯照亮了悍马的残骸。我从别人那里了解到事情的经过：指挥部赶去参加关键领导人接触，眼看要迟到了。为了准时到达，他们选择了一条通往干河谷的土路。为了应对风险，他们让可以抵抗简易炸弹的 RG-33 装甲车行驶在车队的前面，因为它能够安全缓解大多数爆炸冲击。但他们没有考虑到 RG-33 的轴距较窄。在他们驶出河谷时，轴距较宽的悍马车碾过压力板，触发了简易爆炸装

置。炸弹一定是正好安放在管子的座位下面的。少校当时就坐在管子旁边，但他活了下来。如果管子的无线电设备能够正常工作，他就会坐在RG‑33里，而不是和少校在一起。让管子和他同乘一辆车，是少校的决定。

抢修悍马车的时候，我会时不时跑到少校那里，向他汇报我们的进展。他仍然坐在RG‑33装甲车里，紧握无线话筒，但没有传送任何讯息。什么样的讯息能解除那晚的"应该"和"可以"呢？管子本不应该牺牲。他们本可以走另外一条路。或者管子本应该乘坐RG‑33装甲车。我想从少校手里夺下话筒。抓着它有什么用？关于这个山谷里发生的事情，没有什么好说的，就像舍万的事情也没什么好说的一样，就像我们中的任何人对这一切都无话可说一样。如果他和我是朋友，如果他不是我的上司，比如说，如果他是管子，我会告诉他，这是没办法的事。但

---

① 指事后（出了房间，爬上楼梯时）才想起的妙语回应。

他不是。相反，我悄悄地让红毛打开了无线电。他会把我们的情况报告发送给巴格拉姆的上级指挥部。

我们的车队默默地驶出山谷。管子的遗体在另一辆悍马车的后部。第二天早上，一架 C-130 将降落在我们基地附近布满尘土的简易机场，带他踏上回家的第一段旅程。在那之前，我们得把他保存起来。我们的医务兵建议，可以把冷藏集装箱当作临时停尸房。

回到基地后，我们立即用担架把管子的遗体抬进了冷藏集装箱内。我们在冷藏箱后部为他清理出一个角落。我们尽力了，至少现在是这样。我们每个人都向他致哀，不久，我发现只剩下自己和他独自待在寒冷中。我蹲下身来，摸了摸塑料袋。我正在和他告别，这时门突然开了。太阳现在已经升起。我在光亮中眯起眼睛，看到一个身影，他一边道歉一边快速走进来。原来是我们的一个阿富汗厨师。他很抱歉打扰到我，但他需要拿几样东西。威利让他回来看看，是否可以把前一天晚上的饭菜重新加热一下。

第八场

前往机场的出租车上

——

妻子数了数我们的行李,然后数了数我们的孩子。每个人和每件东西都在。我们肩并肩坐进出租车。她还算了一下时间,以确保我们时间充足,不会错过航班。她总是让我们早早赶到机场,我为此经常取笑她。但多亏了她,我们从来没有错过飞机,可能永远也不会错过。

沙阿也在去往机场的路上,伊恩小组中的八名阿富汗人也是一样。身处哈米德·卡尔扎伊国际机场的理查德拉,在我们的群聊中写道:我们定在下午一点行动。尽量把人员集中在一起,告诉他们往侧门靠近。

我们的聊天群新添了一个成员——丹尼。他是我朋友理查德的侄子的大学室友,一名退伍军人。他就是那位曾与沙阿并肩作战的人。我们添加了他,因为他与沙阿有直接联系。在理查德拉发完信息后,我发消息道:明白。伊恩收到了吗?丹尼有没有收到?

两人均回复:收到。

海军陆战队员需要在人群中认出沙阿。为了向他们发信号示意,沙阿在一张白色打印纸上用蓝色印刷体写下了他和妻子福罗赞的名字。他已尽了最大努力。丹尼在群聊中发布了一张沙阿的纸制招牌的照片,这样理查德拉就可以把它传给即将寻找他的海军陆战队员。

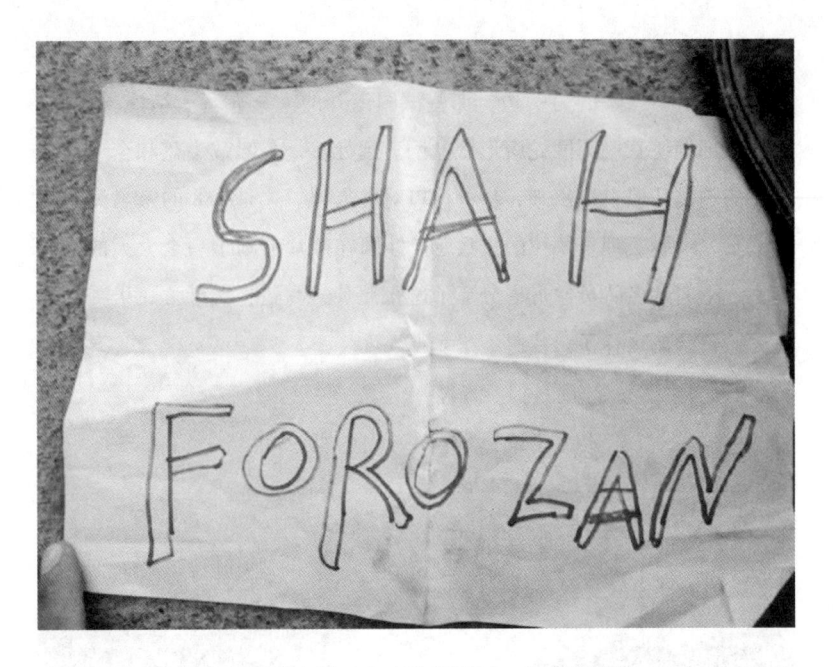

伊恩正在努力与清真寺的八个人取得联系。他发消息说：我与阿迪巴和她的小组失去了联系。她的 WhatsApp 一小时前还在线，我不想耽搁你们。

理查德拉发消息道：我想让尽可能多的人同时进来。这个地点已经暴露。在我们暂时关闭之前，我希望把这批人安全带进来。

伊恩问丹尼，是否知道前一天晚上阿迪巴和沙阿最后一次通话说了什么。

当我和家人到达机场时，丹尼仍未回复伊恩的问题。出租车司机帮我们卸下行李，我们进入候机大厅时，我尽我所能地一边关注聊天，一边帮助妻子清点行李和孩子。我们正在检票处，丹尼的回复终于来了：我想她刚刚联系上……稍等……她在北门附近……她给沙阿打了电话……他正在找她。

伊恩回复道：太好了。谢谢。

丹尼在群聊中发了一张沙阿拍摄的照片。照片显示了他与北门的位置关系。前景中有两辆装满瓶装水的手推车，摊贩正在向绝望而疲惫的人群兜售着。摊贩的另一边，那些试图离开的人紧靠着一堵混凝土墙。墙的顶部缠绕着一圈圈蛇腹形铁丝网。远处，一个佩戴头盔和全罩式太阳镜的脑袋从墙上探出来，步枪枪口对准人群。这是 1/8 的一名海军陆战队员，隶属于理查德拉的步兵营。沙阿在照片上画了一个大大的红色箭头，指向这名队员。丹尼分享了这张照片，写道：我想拍一张更好的照片，但只能这样了。沙阿不想靠得太近。

伊恩把照片发给了阿迪巴。这两个小组正在北门附近苦苦寻找对方。伊恩写道：正试着教她在 WhatsApp 上与我共享位置。

妻子需要我的护照。她已经在检票处办好了行李托运，他们正在打印我们的登机牌。"我不是已经把护照交给你了吗？"我问道，把注意力从手机上移开。她摇摇头说，没有。她手里拿着其他每个人的护照，除了我的。她提醒我，在旅行开始时，她提议帮我们所有人保管护照，但我坚持要自己保管。我翻遍了口袋，才想起把护照放进了手提行李箱。我把护照递给她，然后继续看手机，见理查德拉又发了一条信息：这批人需要转移到栅栏门。到门前耐心等待。我们要撤离多少人？

我写道：丹尼，我正在统计人数，你，2人；伊恩，8人。一共10人。请确认。

两人都确认了各自小组的人数，并表示他们现在正前往侧门。理查德拉发帖：当这批人会合就位后，请通知我们。我们会做好准备。

北门附近人潮汹涌，挨肩擦背。最近几天，拜登政府公开表示，那些持有美国签证、绿卡的人和美国公民，可自由进入机场办理手续。但进入机场并不是一件容易的事情。人群如此密集，环境如此混乱，我们要求沙阿和阿迪巴所做的，相当于在人山人海的摇滚音乐会上找到彼此——比如说，在阿尔塔蒙特的滚石乐队音乐会上——然后再奋力挤到人群前面，并引起乐队的注意，这样他们才能被抬上舞台。

十分钟过去了，伊恩写道：更新：阿迪巴说她望见大门了，正试着靠近。我试图指导她在 WhatsApp 上分享位置，但目前看来，还是让她

第三幕 北门　　129

继续前进比较好。我过几分钟再联系她，并重新评估情况。

丹尼回复：沙阿所在的位置刚刚投放过催泪瓦斯，可作为定位参照点。

又过了十分钟。我和家人正在机场排队等候安检，这时伊恩发了一条消息：她似乎还远着呢。

丹尼写道：沙阿离门口很近，但为了与阿迪巴会合，就没有继续向前。

伊恩证实，阿迪巴仍在努力靠近大门。丹尼告诉他，沙阿会继续等待。沙阿从未见过阿迪巴，她对他来说是一个陌生人，但他愿意等她。伊恩又发消息：我预计她会在13:00到达。

理查德拉突然出现在群聊中：有多少人准备好了？

丹尼：现在北门有两个小组正在会合，等待确认。

理查德拉：明白，请随时通知我们。他们可以手拉手走到前面。我们会让他们进来。

又过了几分钟，丹尼出现在群聊中。似乎沙阿和阿迪巴已经会合，尽管还不完全清楚。我发消息：收到。我的理解是，现在所有10名人员已经会合，正在前往北门。

丹尼证实了这一点，当时我正在把口袋里的东西掏出来放进一个托盘，包括我的手机。我通过了安检处的金属探测器。几分钟后，我收拾好东西，和家人一起走向登机口。一系列文本信息交流如下：

理查德拉：我们已经做好准备。接头暗号是什么？

（我重新发布了那张打印纸，上面用蓝色印刷体写着沙阿和福罗赞的名字。）

丹尼：手拉手。现在向门前靠近。

理查德拉：收到。我们已准备就绪。

（为了确保万无一失，我重新发布了一张沙阿的照片，丹尼发布了一张福罗赞的照片，这样两人在人群中更容易被海军陆战队员认出。）

理查德拉：这是我们这边的情况。南边是运河，北边是丁字墙，也是车辆入口。摊贩就在我们前面那群人的后方。

（他发布的照片是在一条狭窄的露天过道上拍摄的，这是一道作为路障的沟壑，一侧是水泥墙，另一侧是铁丝网围栏，围栏高达十几英尺，一直垂入腐臭的运河。地面上散落着人群从墙外扔进来的空水瓶，还有碎纸板和石头。一团团铁丝缠绕在一起，相互倾轧，仿佛被定格在坍塌的状态。它们用扭曲的身姿强化了每一个想得到的弱点区域，从墙

的顶部到墙尽头那扇开着的钢门。我们的计划是让海军陆战队员沿着这条过道冲出去，进入人群，然后把我们这批人拉进去。）

丹尼：我已经转发你的照片。这是他们周围的情景。

（这张照片是沙阿拍摄的。他挤在人群中，所以画面大部分被其他人的后脑勺所占据。远处，可以看到两名海军陆战队员隐蔽在一堵混凝土墙后，墙顶上有一卷蛇腹形铁丝网；头顶上方，一个有着黑色球形镜头的安全摄像头，悬挂在一台小型起重机上。）

理查德拉：他们在车辆入口前面，栅栏门在他们左边，位于丁字墙的南侧。他们需要后退，绕过去，然后左转。

丹尼：明白。正在与他沟通。

理查德拉：运河在他们的左边。这是最明显的地标。沿着运河走，然后右转。一直走到栅栏门。

（在沉默中过了一分钟。）

理查德拉：看到他们了。继续向前走。

丹尼：失去联系。他在移动。

理查德拉：我们现在开始行动。我们看到他了。

丹尼：我正在和沙阿通话，那就是他。

理查德拉：我们找到他了。

丹尼：我爱您。谢谢长官。

此时我已经到了登机口。我儿子坐在我旁边，在 iPad 上玩二战战机飞行员游戏。他击落了纳粹的梅塞施密特战机和日本的零式战机。其他的孩子也在做着类似的事情，在手机或 iPad 上玩游戏，看视频，彼此小声地争吵，总之就是以此消磨登机前的三十多分钟。我妻子悄悄坐到我旁边的座位上。"你没事吧？"她问。我给她看了我的手机。她翻阅了过去大约十五分钟的信息。据说，我岳父在看冰球比赛的时候会哭，有其父必有其女。我见过妻子在看橄榄球比赛时流泪。这是我喜欢她的众多特点之一。她把手机还给我，擦了擦眼泪，只说了一句："感谢上帝。"

听到这里，我儿子抬头看了看我们，问："你们没事吧？"

"我们很好。"我妻子说，"你爸爸一直在帮助的那些人看起来要离开阿富汗了。"

"但这是好消息啊，"他说，"你们为什么要哭？"

我妻子用手搂住我的脖子。她非常平静地说："我想我只是为那些人感到高兴。"然后她看着我补充道："我也为你爸爸感到高兴。"

我儿子坐直了身子，挺起胸膛。他把手搭在我的肩上，仔细打量了我一会儿，就像一位将军在检阅他队伍里的一名士兵，然后，带着一个九岁男孩尽可能表现出的严肃、沉着和庄重，他说："爸爸太棒了。我也为你感到高兴。"然后继续玩他的游戏。

在群聊中，我们正在努力确认是否每个人都通过了大门，确保无人在混乱中被不慎落下。伊恩重新发布了名单，以供理查德拉查证。除了确认名单外，领事服务现在已经安排所有人进入机场，理查德拉还发布了一张自拍。照片中，沙阿站在中间，左臂搂着福罗赞。他们的右边是理查德拉，他在拍照时伸出了手臂。他仍然佩戴着头盔，穿着防弹衣，胸前别着一枚小巧而熟悉的第八海军陆战队第一营的徽章和他的军衔标志。其他八个人紧挨着他们，挤在镜头里。他们的笑容无拘无束。

伊恩写道：英雄。

我发了同样的话。

丹尼写道：我哭了。英雄。真他妈的了不起！

我们很快就要登机了。妻子问我介不介意去买几个三明治，因为我们会错过午餐，也不知道飞机上会供应什么。我漫步进入航站楼，来到一个小卖部，在那里排队等候。在另一个私聊中，我专门问理查德拉：里奇，顺便问一下，你的连队是哪一个：A连、B连、C连还是武器连？就是作为一名校友问一问。干得真他妈漂亮。我非常感谢你和那些

的海军陆战队员。

他没有马上回答。他肯定很忙。我挑选了几个三明治、一些水,为每个孩子准备了一份小礼物。我感觉手机在口袋里振动,是理查德拉的回复,但我需要完成付款。我从收银员手里接过找零,抱着一堆东西,设法找了个地方坐下。我掏出手机。里奇回道:当然是你以前的老东家。我愿意为贝鲁特海军陆战队做任何事情。

我的两场战争,跨越两个十年,似乎在这条信息中碰撞在一起。这股力量将我固定在了机场的这个座位上。坐在那里,脚边放着一袋三明治,我一片茫然,成群结队的旅客仿佛从我身边飘然而过。当儿子最终找到我时,我正呆呆地望着航站楼对面。"爸爸,"他说,"该走了。我们要登机了。"

我和他冲向登机口。当我在飞机上坐好后,丹尼发布了最后一条信息:你们知道他们要飞往哪里吗?

第四幕

阿 比 门

"我知道我的决定会受到批评,但我宁愿承受所有批评,也不愿将这个决定留给下一位美国总统——或者再下一位——第五位总统。"

——2021 年 8 月 16 日,乔·拜登总统于白宫东厅

第一场

2020 年，华盛顿特区

———

1971 年的"纽约时报诉合众国案"具有里程碑意义，它允许了《五角大楼文件》的发表，最高法院大法官雨果·布莱克在他的多数意见书中写道："只有自由和不受限制的媒体才能有效地揭露政府的欺骗行为。自由媒体的首要职责是防止政府的任何部门欺骗人民，让他们远赴异地去送死……"作为那个时代的余音回响，在一场争议不断的法律诉讼之后，《华盛顿邮报》发表了《阿富汗文件：战争的秘密历史》。这是一系列由阿富汗重建特别监察署（SIGAR）对美国高级官员进行的数百次未公开的访谈记录，涉及阿富汗战争的执行和管理。

此次发表，恰逢 2019 年特朗普政府与塔利班重启谈判之际。分析人士推测，《阿富汗文件》可能会产生与《五角大楼文件》类似的刺激效应，后者加速了越南战争的结束。这似乎是公布这批文件的目的所在。负责报道的调查记者克雷格·惠特洛克（Craig Whitlock）在序言中写道："越南战争的幽灵从一开始就笼罩在阿富汗上空。"

这两场战争之间确实存在相似之处。由美国支持的两国政府都饱受地方性腐败之苦。我们的对手皆享受着邻国的庇护（越南战争中是柬埔寨和老挝，阿富汗战争中是巴基斯坦）。由于战争的影响，这两个国家的毒品交易都呈爆炸式增长。最严重的是，在阿富汗和在越南一样，我们灾难性地误解了对手的核心目标。对于越共和北越来说，越南战争是一场民族解放战争，而我们美国人则把它与多米诺骨牌理论和跨国共产主义联系在了一起。对于塔利班来说，阿富汗战争也是一场民族解放战争，战争期间，将外国人驱逐出阿富汗是一项持久的组织原则，而我们美国人却将这场战争与摧毁基地组织和消除跨国恐怖主义联系在一起，围绕着防止"9·11"再次发生的理念自我组织起来。

《阿富汗文件》有效记录了这场战争极其混乱的本质，从持续不断的战略缺陷到拙劣不堪的执行。文件公布后，一些国会议员表达了强烈的愤怒，仿佛是第一次了解我们在阿富汗策略失当的历史。这其中包括参议员理查德·布卢门撒尔——一位越战时期的退伍老兵，他因暗示自己实际上参加过那场战争（而不仅仅只是在同一时期服役）而臭名昭著。他在参议院军事委员会任职，立即在推特上要求听证会，并写道："我们必须结束这种含有虚假信息和不明确、无支持的战略的致命恶性循环。"

他的愤慨是如此突兀。我们，美国人民，真的需要精心挖掘出上千份以前的机密文件来告诉自己，我们在阿富汗的努力并不顺利吗？任何对这场战争稍有关注的人都能看到，它已经艰难持续了二十年——光是持续时间就足以说明，这是一场灾难性的战争。同样说明问题的还有这个数字：2 461名美国人死亡，以及总费用超过两万亿美元的账单。《华盛顿邮报》在报道的开篇写道："这是一批机密的政府文件……揭露了美国高级官员在整整18年的战争中未公开的阿富汗战争的真相，他们做出了自知虚假的乐观声明，并隐瞒了战争无法获胜的确凿证据。"

这一声明的内在逻辑是，美国人民被误导了，因为被误导，他们同意历届政府继续进行这场战争。这种逻辑中不言而喻的是，如果美国人民知道这场战争进行得如此糟糕，他们会动员起来终止它，就像他们最终动员起来结束越南战争一样。然而，对于阿富汗战争，这种动员从未出现。这不是因为缺乏"真相"或"事实"，而是因为缺乏兴趣。

在喀布尔沦陷之际,看到美国人重新对阿富汗有了兴趣,让人感到困惑。政策制定者和军事专家无疑应该为这场溃败负责。然而,美国人民也同样要承担这一责任。与其他导致普通公民动员的系统性社会问题不同,结束国外冲突迄今尚未引发国内抗议运动。在美国人的意识中,对外战争的代价不再是我们必须承担的重负。这源于我们开展战争的方式:我们无需缴纳战争税,而是将这些成本计入国家赤字,选择将其转嫁给子孙后代;此外,我们毫不犹豫地将国家防卫外包给了一个军事阶层,他们主要来自同一地区,且越来越多地来自同一家族,是他们承担着这些混乱冲突的重担。

在 2018 年中期选举前夕,拉斯穆森①进行了一项民意调查,以了解美国人最关心的问题是什么。当被问及阿富汗问题时,42%的美国人无法说出我们是否仍在那里进行着战争。并不是他们不关心,而是他们甚至都不了解。在我们的历史上,我们取得决定性胜利的战争基本上都是由公民士兵和公众完成的,也恰恰是这些人需要承受战争带来的诸多不便,所以他们绝不会容忍已经成为当今美国外交政策标志的这种周期性泥潭——这一点果真是巧合吗?

《华盛顿邮报》系列报道的第一部分的标题是"与真相作战"。然而,它并没有告诉我们,究竟是谁在与真相作战,按推断似乎是"政府",正如布莱克大法官在他的意见书中所述:"自由和不受约束的媒体才能有效地揭露……"但如果不是政府呢?如果问题不止于此呢?会不会是我们,是我们这些人民,在经历了二十年的战争之后,仍然缺乏照镜自省的决心,问问自己是如何走到这一步的,以及我们是否愿意做出改变,让这种情况不再发生?新闻自由可以揭露政府的口是心非,就像过去一样。但是全社会的表里不一呢?谁来揭露?

---

① 一家专门从事公众舆论调查和政治分析的媒体公司。

第五幕：美国在阿富汗的终结

自打我从伊拉克和阿富汗战场回来后，人们无意间会时不时问我战争是什么样子。通常，我会引导他们观看《全金属外壳》和《黑鹰坠落》之类的电影。在我看来，这些电影在捕捉战斗体验方面做得相当不错。然后，在2020年，我开始推荐另一部电影。

在2021年1月6日国会大厦冲击事件之后，一段视频开始在我熟悉的退伍军人中间流传。这是一段大约四十分钟的连续拍摄，从国会大厦西楼梯的缺口开始，一直到其中一名暴乱者、空军退伍军人阿什利·巴比特在议长大厅外被击毙。在转发视频时，许多退伍军人问："这让你们想起什么？"我心有余悸地看着视频——参与者的兴奋，历史事件在身边上演时的混乱、暴力和潜在的疯狂——我想起了打仗。

我这样说，并不是要在政治上把暴乱分子和男女军人相提并论，而是着重强调那天所目睹的疯狂程度。任何参加过战争的人都可以告诉你，无论多么光荣的战争，都是一场集体精神错乱的演习。当你参与国家批准的杀戮行动时，文明行为的规范会随之瓦解。

我观看的视频是一个自称约翰·沙利文的年轻人制作的，他的网名叫杰登·X。他的评论贯穿整个视频。在突破第一道路障后，他气喘吁吁地说："我简直不敢相信这是现实！我们成功了！我们他妈的一起做到了！"然后说："这就是他妈的历史！"那种成为历史一部分的感觉，以及沙利文声音中的兴奋，当然是我在战斗中经历过的。

我还记得费卢杰战役的第一个夜晚——成千上万的海军陆战队员涌入城市，喷气式飞机在头顶盘旋，投下震天动地的炸弹，有那么一刻，我觉得自己正在参与一场举世瞩目的战役。还有在飞进泽尔科山谷时，我在黑暗中坐在直升机上，旁边是威利和超级戴夫，周围是参与其中的战友。我们一起完成了突袭。是的，我们确实做到了，但我们当时还不了解所做之事的全部含义，以及在未来几年甚至几十年里，它将如何影响我们自己和他人的生活。暴力拖着一条长长的尾巴。

第四幕　阿比门

在突破第一道防线后的几分钟内，人群如潮水般涌入了国会大厦。在进入一间豪华会议室之际，沙利文自问道："这是什么样的现实？"然后，他和人群一起冲进了中央大厅，但他的前进陷入停滞，仿佛撞上了一堵无形的墙壁。他和其他人被眼前的景象所惊呆：头顶的镀金圆顶，墙上的雕塑和绘画。当特朗普的支持者在他周围徘徊时，他喊道："这是什么？什么是生活？"他正在拍摄的一名女子，也一直在拍他，她停下来说："我现在要给你一个拥抱。"他们拥抱在一起，互相祝贺。沙利文叫她看他的 YouTube 频道，她问："你是不是在录像？"他向她保证，他会删除他们之间的对话。

整个视频中，暴乱分子的兴奋和国会警察的恐惧形成了鲜明对比，警察知道自己不堪重负，似乎在不断后退。这种在恐惧和狂喜之间的摇摆不定，不仅存在于群体内部，也存在于个人内心，它贯穿于每一场战争中的疯狂，这也是这段视频的决定性特征。

几分钟内，沙利文就挤到了人群的最前面，他们正在逼近主要的立法会议厅。当他们走近上锁的门时，他迅速主动拿出刀子去撬门（尽管刀子从来没用过）。最终，人群在标有"议长大厅"的玻璃门前停了下来。执法人员用办公桌椅封锁了走廊。沙利文敦促警察离开，警告他们这样只会受伤。当人群继续打砸玻璃时，沙利文看到一名警察将手枪对准了门另一侧的暴徒。他大声喊道："有人拿枪！"

在接下来的十四秒里，他的镜头稳稳地固定在瞄准暴徒的枪上。他没有逃跑，也没有推开其他人。他只是一遍一遍地重复："有人拿枪！"仿佛这种经历让他分不清这是现实还是梦境，让他无法想象自己可能会成为那个即将中枪的人。暴力在近距离观察时是超现实的。你的大脑很难理解自己的分裂，所以对极其危险的恐怖形式的反应通常不是恐惧，而是迷惑、惊奇，一种"哇，你看这阵势！"的感觉。

沙利文在这场冲突中幸存了下来，但阿什利·巴比特没有。当其中一扇门上的玻璃完全被砸碎后，她爬了进去，颈部中枪，向后倒在地板上。视频很真切，沙利文就在现场。她躺在他的脚边奄奄一息，他的相机终于关掉了。

看完视频后，我有一种虚脱感。从开始弹劾程序到提出谴责，再到国会委员会的调查，每个美国人都试图以自己的方式弄清楚那天发生的事情。然而，仅仅对所发生的事情作出政治回应是不够的。它也需要情感方面的理解。

在后续的视频中，沙利文表示，他相信"黑人命贵"，但不是"黑人命贵"组织的成员。他解释说，他信奉"记录这些情况，并让人们看

第四幕　阿比门　　143

清事实"。然而，很难将他公开宣称的政治立场与他在视频中的行为联系起来。他显然是视频中的参与者，试图帮助暴乱分子深入国会大厦。我提到沙利文的上述信念只是为了表明，此类事件具有政治上的不一致性。战争中也是如此。

对于自己冲击国会大厦的政治理由，沙利文讲了20分钟，充其量只能算含混不清。但他的情感逻辑非常清晰："谁不想亲临现场，对不对？谁不想看到一群特朗普的支持者把国会大厦搞得一塌糊涂？……这就是你们看视频的原因。你们把它当成动作电影来看。"这种为了娱乐而进行破坏的虚无主义在战争中无处不在。

第一次轮派伊拉克作战结束后，返回途中，我在一个临时军营过了一夜。那些从战场上归来的人在胶合板墙上胡乱涂鸦。在一个角落，有人用黑色记号笔潦草地写下了弗里德里希·尼采的一句名言："与恶龙缠斗过久，自身亦成为恶龙；凝视深渊过久，深渊将回以凝视。"那时我二十四岁，这些话犹如天启。阅读它们不仅仅是理解我所经历的一切的第一步，也是理解战争这一独特人类实践的第一步。

观看冲击国会大厦的视频，就仿佛在阅读这些文字，不仅因为我从中理解了人性黑暗的某种新的阴影，还因为我正在凝视某种像战争一样难以琢磨的东西：它正在回我以凝视。

第二场

2008 年，阿灵顿国家公墓

——

管子是在夏天牺牲的。他的葬礼在秋天举行，就在我们回国的那个十月。他的家人一直等到我们回来才举行仪式。他们围坐在他的墓旁，而我们这些曾与他并肩作战的人则穿着蓝色军装，松散地排列在 60 号墓区的墓碑之间，那里安葬着伊拉克和阿富汗战争的阵亡者。我们这些聚集在阿灵顿的人看到，我们的战友在过去几年里填满了这片公墓。在接下来的年月里，我们中的一些人会继续填充这个区域。但那天我们是为管子而来，所以这些想法只得藏在心底，或者等到以后，也许是那天晚上喝酒的时候，才能说出来。

管子的两个幼子也在那里，还有他的妻子。我们中的许多人，包括我自己在内，在其他情况下都不乏勇气，但眼下却气短词穷，只能对他们说上几句无力的安慰话。我的朋友柯克也来了。作为一位成功的华盛顿商人，他的慈善事业主要是为阵亡军人的子女提供奖学金。他的慈善机构已经做出承诺，要在经济上为管子孩子的教育提供保障。他想参加葬礼以表示敬意。他刚刚见过管子的家人，几乎不认识葬礼上的其他人，所以和我站在了一起。

一位牧师致了悼词，他的祈祷被两英里外里根国家机场飞机降落的声音所淹没。五名步枪手向空中齐射，作为最后的致敬。一名号手吹响了"安息号"。有人把国旗默默折叠起来，交给他的家人。不到二十分钟，一切都结束了。仪仗队退出了 60 号墓区，留下家人在墓地旁尽情逗留。我感谢柯克的到来，并与他握手，然后与威利、超级戴夫等人结伴而行，向安葬在这里的其他战友献上我们的敬意。当我们在墓碑间穿行时，在大约五十码远的地方，我注意到一位海军军官正在观看仪式。他妻子站在旁边，两个人手挽着手。他袖子上沉甸甸的金色穗带闪闪发光，由此看出，他是一位级别很高的军官。但我无法确定他究竟是谁，直到我稍微靠近一些才看清楚。

整个仪式期间，参谋长联席会议主席迈克·马伦海军上将一直在远处观看，以免引起别人注意。他当时是美国最高级别的军事将领，负责管子在战斗中牺牲的那场战争。他从未见过管子，也没有见过我们中的任何人，但他还是抽出时间，与妻子一同参加了葬礼。他没有大张旗鼓，以免他们的出席分散人们对仪式的注意力。只有他们两个人。我还没来得及向其他人指认上将，他已经离开。一辆怠速停在附近的黑色 SUV 将他迅速送回了五角大楼的办公室。

几天后，我接到了柯克的电话。表面上，他是要告诉我管子两个儿子的奖学金的最新情况，尽管他打电话的真实目的略有不同。最终，他绕着弯子说道:"我代表'金星家庭'做这项工作有一段时间了,但我从未参加过葬礼。那会让我长时间无法平静。"

我告诉他,我很感激他的电话,也很感激他为帮助这个家庭所做的工作。然后我问他,有没有注意到站在远处的海军军官。柯克注意到了,并说他一直在想那是谁。我解释说,那是马伦上将,看到他在那里让我难以忘怀。柯克补充道:"你知道还有什么让我无法忘怀吗?就是葬礼结束后,看着你们在其他墓碑间徜徉。我不知道为什么,但之前我一直没有想到,管子不是你们唯一葬在阿灵顿的战友。"

"没错……唉……"我一时语塞,于是干脆说道,"一场战争打了七年实在太久了。"

第三场
普利亚，一座石头房子

———

我们到了海边。我们的旅行已经过去一周，还剩下一周。我们将在这里度过这段时间。我们的计划是，在夏末之际，全家人一起畅享游泳、美食和休憩。喀布尔的崩溃仍在幕后继续，尤其是我们行程的最后一周，恰巧也是美国人掌控哈米德·卡尔扎伊国际机场的最后一周。随着撤离时限的逼近，机场的局势变得更加危急。我认识的所有与阿富汗有关系的人，从士兵、记者到援助人员，都在努力帮助人们撤离。Signal 和 WhatsApp 群聊占据了我的手机，标题有："第三次飞行资助"、"HLZ 撤离"、"Safi 北门通道"等。我无法跟上这么多信息，也无法了解其中的参与者，在大多数情况下，我几乎不认识他们。

沙阿从北门进入机场的第二天，我和雪莉·威斯汀通了电话，她是"芝麻街"幕后的非营利组织芝麻工作室的总裁。一位共同的朋友让我们取得了联系。她正在努力撤离"芝麻花园"①节目组的 23 名木偶师，他们是阿富汗芝麻街的演员。该节目于 2016 年首播，推出了第一个阿富汗布偶——一个名叫扎丽的六岁女孩，她的名字在达里语中意为"闪耀"。在被停播前，布偶扎丽喜欢上学，并经常谈论学校的事情。该剧成了阿富汗儿童中收视率最高的节目。81% 的三至七岁儿童在电视上看到过扎丽。塔利班也看到了。这就是雪莉·威斯汀决心让她的木偶师离开喀布尔的原因。

雪莉在尝试的过程中始终非常乐观。尽管我没有给她带来好消息，但她非常坚定。而我听起来肯定有些疲惫。有一次，我告诉她，登上航班的机会越来越少，大多数人可能无法撤离。事实上，大多数人将被抛弃。我虽未说出口，但心有臆度：当面对如此大的需求时，只撤出少数几个人也没什么意义。那次交谈后，她给我发了一封邮件，还附上了一个自助网站的文章链接。带着些许怀疑，我点开了链接。我看到了下面这个故事，是一则寓言：

从前，有一位老人经常去海边锻炼。一天，老人沿着沙滩散步，沙滩上散落着成千上万只涨潮时被冲上岸的海星。走着走着，他遇上了一个小男孩，正急切地把海星一只一只扔回海里。

---

① 由美国芝麻工作室与阿富汗电视台 Tolo 联合制作。

老人困惑地看着男孩,问他在干什么。

小男孩停下来,抬头看着老人,回答道:"我在把海星扔进海里。潮水把它们冲上了沙滩,它们自己无法回到海里。太阳升起的时候,它们就会死掉,除非我把它们扔回水里。"

老人答道:"但是这片沙滩上可能有成千上万只海星。恐怕你并不能真正改变什么。"

小男孩弯下腰,又捡起一只海星,尽他所能地将它扔进了海里。然后他转过身,微笑着说:"我改变了那只海星的命运。"

我内心的愤世嫉俗想要摒弃这种朴素的智慧,但在和自己的孩子一起度过一个早晨后——在一片和故事中同样的沙滩上——我发现很难做到。在远离手机的几个小时里,等待我的不只是雪莉的信息。伊恩也一直在联系我。他正试图撤出另一群人。我还收到了一位朋友的邮件,他是华盛顿特区一家民主促进中心的负责人,名字叫哈迪。他的邮件开头很正式:"我以这封邮件问候您和您的家人……"我想他可能把这封邮件发给了很多人。接着,邮件概述了他正在尝试帮助的十几名阿富汗人的困境,他们是一群被困在喀布尔的翻译人员和民主活动人士。邮件的附件是一份名单,列着他们的名字。邮件最后写道:"非常感谢您对此事所能提供的任何帮助。"

我给伊恩打电话。然后又打给哈迪。两组人,一共29人,现在都在机场外候着,彼此相距不远。如果我们行动迅速,他们可以会合起来。幸运的话,我们可能有机会把所有人都救出来。我联系了理查德拉,看他的海军陆战队员能不能再帮我们一次:我有一群人想从阿比门进入机场(刚刚得到通知)。请参阅附件。现在有可能吗?

然后,我等他回复。

在等待的过程中,我收到了雪莉的另一条信息。她的坚持终于得到了回报。她的木偶师已经进入机场。他们将在今晚飞离。

第四场

2009年，库纳尔省，科伦加尔山谷

——

管子下葬一年后，我回到了阿富汗，但不再是一名海军陆战队员。我现在是中央情报局的准军事人员。我在这个机构的第一项任务就是打击基地组织的十大头目之一。我已经被安排了新任务，一共两天。这份差使是杰克帮我找的。在这次任务中，我们反恐特遣队和海豹突击队第六分队的几名成员一同合作。我们的计划是发动一次突袭，以捕获或击毙我们的目标，他正从巴基斯坦越境前往科伦加尔山谷参加一个会议。

那天晚上没有月亮，我们悄悄潜入了山谷。我们突击队的70多名队员戴着夜视镜徒步走了几个小时，在沉默中攀爬了数百英尺，才来到一个位于岩丘上的村庄，会议就在那里举行。趁侦察机和攻击机在星空下盘旋之际，我们的部分队员冲向了一幢房屋。一名线人告诉我们，目标就在那里。接着便爆发了短暂而激烈的枪战。我们的队员没有受伤，几名对手被击毙，但目标被活捉。然后，我们就像来时一样迅速溜出了山谷。到了清晨，我们已经安全抵达最近的美军前哨基地，我们的俘虏很快会被转移到巴格拉姆空军基地。

在我们填写移交监护权的文件时，太阳正从嶙峋的山脊上冉冉升起。笼罩我们突击队一整夜的紧张气氛，突然缓和下来。我们在一个小小的泥地停车场里懒散地休息，摘下头盔，有说有笑地回忆我们执行任

务时的细节。车队不久就会来接我们回基地,在那里我们将得到急需的休息和一顿像样的饭菜。然后,我们将等待下一个目标,继续这场被证明行之有效的行动,斩首基地组织的领导层。简而言之,我们感到胜利在望。

在我们等车的时候,一群瘦弱疲惫的美国士兵列队经过,他们很年轻,几乎还是少年。他们驻扎在这个哨所,我们非常了解他们的困境。在过去几年里,他们在这个山谷发动了一场堂吉诃德式的反叛乱战役,但大体上没有成功。他们的许多朋友在山谷丧生。他们面容憔悴,夹杂着挫败和不驯。我们得意的调侃在他们听来一定像外国语言。他们用严厉而怨恨的目光看着我们,把我们视为闯入者。我突然意识到,虽然我们的反恐部队与这些士兵站在同一个战场上,但实际上,我们在进行着两场截然不同的战争。

在2001年9月20日的国会联席会议上,布什总统宣布了当时的一种新型战争,即"反恐战争"。他概述了其内容:"我们将动用所有资源,包括一切外交手段、一切情报工具、一切执法措施、一切金融影响力,以及一切必要的战争武器,来瓦解和挫败全球恐怖网络。"然后,他描述了这场胜利可能的样子:"我们将切断恐怖分子的资金来源,让他们自相残杀,把他们从一个地方驱逐到另一个地方,直到他们无藏身之地,无喘息之所。"

如果布什的话概述了全球反恐战争的基本目标,那么二十年后,美国基本上实现了这些目标。奥萨马·本·拉登死了。幸存下来的基地组织核心成员涣散而虚弱。本·拉登的继任者艾曼·扎瓦希里只通过极少的宣传材料来传达信息,而基地组织的最强分支——"伊斯兰国",在伊拉克和叙利亚的领土占有率已经缩减到无足轻重。我们从阿富汗的灾难性撤军可能会破坏这些成就,但这就是喀布尔沦陷时美国所取得的成绩单。

其中最重要的成就是我们成功地保卫了国土安全。如果有人在"9·11"后的几周告诉美国人——当时人们正在应对国会大厦所遭受的炭疽病毒袭击、股市的暴跌，以及大规模旅行即将消亡的预言——美国军方和情报机构会在未来二十年内成功地保护美国免受另一次重大恐怖袭击，他们可能会难以相信。自"9·11"事件以来，美国平均每年有六人死于圣战恐怖主义。（要知道，2019年，平均每天有三十八名美国人死于处方阿片类药物过量。）如果全球反恐战争的目标是防止重大恐怖主义行为，那么这场战争已经取得了成功。

但代价是什么呢？就像在科伦加尔山谷的那个夜晚，成功和失败能在同一个战场上共存吗？在输掉（至少没有赢）阿富汗和伊拉克战争的同时，美国能声称已经赢得了反恐战争吗？

让我们从鲜血和财富的角度来探讨代价。从美国独立战争开始，美国所参与的每一场战争，都需要一种经济模式来维持，以提供足够的人力和资金。与前几次战争一样，反恐战争也有自己的模式：如前所述，这场战争是由全志愿军进行的，主要通过赤字开支来支付。毫无疑问，这种模式有意使大多数美国人对冲突的代价视而不见，却让我们陷入了史上最漫长的战争。

这种模式也对美国的民主制度产生了深远的影响，直到二十年后人们才充分理解这种影响。如今，随着不断上涨的国家赤字和通货膨胀，值得注意的是，在20世纪90年代的平衡预算之后，反恐战争成了我们国家信用卡上最早，也是最昂贵的开支之一。2001年是国会通过的联邦预算最后一个出现盈余的年份。通过赤字开支为战争提供经费，使得战争在历届政府的管理下持续陷入泥潭，却几乎没有一位政治家提到过战争税的概念。与此同时，其他形式的支出，从金融援助到医疗保健，以及最近的疫情复苏经济刺激计划，都引发了激烈的争论。

如果说赤字开支让美国民众对反恐战争的财政代价麻木无感，那么技术和社会的变革也让他们对其人力成本无动于衷。无人机等平台的使用促进了作战自动化的发展,使得美军能够远程杀敌。这种发展让美国人进一步远离了战争的残酷代价,无论是美国军队的牺牲,还是外国平民的伤亡。与此同时,由于没有征兵制,美国政府便把战争外包给了军事阶层,这是一个日益自我隔离的社会阶层,从而造成了美国社会前所未有的巨大军民分歧。

2020年,为了应对全国性的内乱,美国人终于有机会亲眼见到了自己的军队,因为现役军队和国民警卫队大量部署在全国各地。美国人还亲耳听到了军方退休领导人的声音,因为一群高级军官——包括左派和右派——以前所未有的方式介入了国内政治事务。他们在电视上发表讲话,撰写社论谴责一方或另一方,并在各种信函上签名,从与民主党候选人之子有关的可疑笔记本电脑的来源,到总统选举本身的公正性。

目前,军队仍然是美国最受信任的机构之一,也是公众认为没有明显政治偏见的少数机构之一。在现有的政治条件下,这种信任还能持续多久?由于党派之争已经影响到美国人生活的方方面面,这种影响蔓延到美国军队似乎只是时间问题。那接下来怎么办?从恺撒的罗马到拿破仑的法国,历史表明,当一个共和国将大规模常备军与功能失调的国内政治相结合时,民主就不会持续太久了。今天的美国同时满足了这两个条件。从历史上看,这往往会引发政治危机,导致军队介入(甚至干预)国内政治。军队与所服务公民之间的巨大分歧,也是反恐战争遗留下来的问题之一。

尽管将阿富汗和伊拉克战争与反恐战争分开似乎有些奇怪,但值得记住的是,在"9·11"事件之后,对这两个国家发动全面入侵和占领并不是板上钉钉之事。我们完全可以设想在阿富汗进行一场更有限的反恐行动,同样能将本·拉登绳之以法,或者制定一种遏制萨达姆·侯赛因统治下的伊拉克的战略,而无需美国全面入侵该国。随后在这两个国家展开的漫长且代价高昂的反叛乱行动是美国自主选择的战争。事实证明，在实现将"9·11"事件的肇事者绳之以法和保卫国土安全的双重目标方面，这两场战争都是重大失误。

反恐战争与其他战争的不同之处在于，胜利从来不是建立在取得积极成果的基础上。其目标是防止负面结果的发生。在这种战争中，胜利并不是摧毁对手的军队或夺取其首都。胜利在于恶性事件没有发生。那么，如何宣布胜利呢？如何证明恶性事件没有发生？"9·11"事件之后，美国的战略专家们似乎无法构想一场只有不让一系列事件重演才能赢得胜利的战争，他们觉得有必要创造一场更符合传统冲突观念的战争。阿富汗和伊拉克战争就代表了一种人们所熟悉的战争类型：派兵入侵，推翻专制政府并解放人民，然后是长期占领和反叛乱行动。

除了鲜血和财富，还有另一个衡量反恐战争的指标：机会成本。新冠大流行揭示了美国政治功能失调的严重性，并暗示了军民分裂的危险。从国家安全的角度来看，也许更重要的是，这也凸显了美国与其他大国的复杂关系。在过去的二十年里，当华盛顿重新调整美国军队的用途，以参与大规模反叛乱行动和精准反恐行动时，那些大国正忙于建设一支能够对抗并击败同级别竞争对手的军队。

在过去的二十年里，俄罗斯将其领土扩张到了克里米亚，并支持乌克兰的分离分子；伊朗支持阿富汗、伊拉克和叙利亚的代理人；朝鲜获得了核武器。在"9·11"事件开启新世纪之后，传统观点认为，非国家行为体将成为美国国家安全的最大威胁。这一预测一语成谶，但并不是以大多数人预期的方式。非国家行为体危害国家安全的方式不是攻击美国，而是转移了美国对国家行为体的注意力。正是这些典型的对手——伊朗、朝鲜和俄国，在美国无暇他顾的情况下，扩大了他们的能力和敌意。

来自这些国家的威胁有多么急迫？就航空母舰、坦克、战斗机等传统军事平台而言，美国继续在技术上领先于同级别的竞争对手。但它的首选平台可能并不是正确的选择。远程陆基巡航导弹可以使大型航空母舰失去作用。网络攻击的进步可能会使依赖技术的战斗机过于脆弱而无法飞行。美国军方的顶尖智囊们现在终于开始关注这些问题，但可能为时已晚。

历经二十年，美国也饱受战争疲劳之苦。尽管全志愿军队和无需缴纳战争税使大多数美国人免于承担战争的负担，但这种疲劳仍然很明显。在四位总统的领导下，美国人起初是欢呼，继而是忍受生活背景中无休止的战争。国民情绪渐渐恶化，对手国家也注意到了这一点。美国人的疲劳，以及对手国家对此的认识，限制了美国的战略选择。因此，总统们采取了不作为的政策，美国的信誉也受到了侵蚀。

这种动态在叙利亚表现得尤为明显，尤其在2013年8月古塔①发生沙林毒气袭击之后。叙利亚总统巴沙尔·阿萨德使用化学武器跨越了奥巴马总统设定的红线，奥巴马发现，不仅国际社会不再像过去那样响应美国总统对使用武力的恳求，就连国会也表现出了这种不情愿。当奥巴马寻求议员支持对阿萨德政权进行军事打击时，他遭遇了与选民疲劳相似的两党战争疲劳，于是他取消了打击。有人越过了美国的红线，却没有发生任何事，也没有遭到报复。

疲劳似乎是反恐战争的"软"成本，但却是一种明显的战略负担。一个因战争而疲乏困顿的国家很难对对手构成可信的震慑性威胁。这在冷战时期已得到证实。在1968年越南战争处于白热化时，苏联入侵了捷克斯洛伐克；在战争结束后的1979年，苏联入侵了阿富汗。第一件事情发生时，美国正陷入战争的漩涡，第二件事情发生时，美国正处于战后的混乱之中，所以无法有效阻止苏联的军事侵略。而美国目前正面

---

① 是叙利亚大马士革地区的一个地名。此次沙林毒气袭击造成大量平民伤亡。

临着类似的局面。美国的对手明白这一点。当美国的实力减弱时，其他国家就会填补这个真空。

反恐战争不仅改变了美国对自身的看法，也改变了其他国家对美国的看法。不时有人问战争以何种方式改变了我。我一直不知道如何回答这个问题，因为战争最终没有改变我；战争造就了我。它深深地刻进了我的灵魂，我很难将因它而存在的我与无它而存在的我区分开来。回答这个问题就像解释父母或兄弟姐妹如何改变了你。当你和一个人或一场战争生活在一起这么久，你会以亲密的方式了解它，它也会以同样亲密的方式改变你。

今天，我很难记起美国过去是什么样子的。我忘记了在飞机起飞前仅仅 20 分钟到达机场是什么感觉。忘记了穿过火车站时，没有武装警察徘徊在站台附近的情景。也忘记了相信美式民主会永远占据优势，以及世界已经走到"历史的尽头"的感觉，尤其是在冷战后那些令人兴奋的岁月里。

就像"最伟大的一代"能回忆起日本偷袭珍珠港时自己身在何处，"婴儿潮"一代的人能回忆起肯尼迪遇刺时自己在哪里，我们这一代的识别口令是"9·11"发生时你在何地。和大多数人一样，我清楚地记得那一天。但是，每当回忆起那段时间，我常常想到的却是"9·11"事件发生前两天的事情。

我当时是一名大学生，因为家庭影院频道（HBO）正在首播一部新剧《兄弟连》，我霸占了公寓里的电视机。作为一名预备役军官训练队的海军学员，我相信自己的整个未来都将在"兄弟连"度过。我刚在沙发上坐好，标志性的片头便开始了：棕褐色的伞兵在解放欧洲的征途中从天而降，怀旧的配乐高亢激昂。整部连续剧中没有一丝讥讽或愤世嫉俗的意味。我无法想象今天有人能拍出这种效果。

二十多年来，随着美国人对战争和军人的看法发生了变化，我常常想起《兄弟连》。它是一个很好的标尺,反映了"9·11"事件之前美国的处境,以及之后美国所经历的情感路程。如今,美国已经改变,它对自己在世界中的角色持怀疑态度,更明确地认识到战争的代价,尽管对那些代价的体验大都是以间接的方式。我们向国外输出理念的欲望也减弱了,尤其是当我们在国内勉力维护这些理念的时候,无论是围绕2020年总统大选的暴力事件,还是那年夏天的内乱,甚至是反恐战争因阿布格莱布监狱(Abu Ghraib prison)事件①和爱德华·斯诺登②泄密事件等丑闻对国家造成的损害。《兄弟连》中那个具有普遍吸引力的美国已经成为遥远的记忆。

这也提醒我们,国家叙事很重要。在美国开启二十年中东冒险之旅的前一天,人们想要听到的故事——或者至少是好莱坞的高管们认为人们想要听到的故事——是美国人是好人,他们正在把世界从暴政和压迫中解放出来。

拜登总统宣布美国要从阿富汗撤军后不久,我和杰克谈了一次。他也在科伦加尔山谷战斗过,但时间比我久得多。他也追捕过目标,杀死或俘虏他们,就像我们在反恐战争中所做的那样。我们将作为输掉了美国历史上最长战争的一代人而被人铭记,这种痛苦的想法在我们脑海中挥之不去。为了缓解这一结论带来的刺痛,我提出一个相反的论点,那就是:尽管我们可能输掉了阿富汗战争,我们这一代人仍然可以宣称赢得了反恐战争。

杰克对此表示怀疑。

我们对这个问题进行了辩论,但很快就放弃了。第二天,我收到了

---

① 指的是美国士兵在此监狱中虐待囚犯的丑闻遭到曝光。
② 爱德华·斯诺登(Edward Snowden, 1983—),前美国中情局技术分析员,于2013年将大量关于美国政府大规模监控计划的机密文件公之于众。

他的一封电子邮件。作为一个南方人和文学爱好者,他给我发来了《喧哗与骚动》中的一段话:

> 战争从来没有什么胜利可言……战争甚至从来没有打响过。战场只是向人们展示他们自己的愚蠢和绝望,胜利只是哲学家和傻瓜的幻想。

第五场

2010 年，五角大楼

———

我有过一张通行证，可以把车停在五角大楼前面，就在国务卿的直升机停机坪旁边。当时正值深秋，天气异常温暖。阳光明媚，天空一片浩瀚的蔚蓝。离开海军陆战队后，我把那辆曾经载着我穿梭在勒琼营和射击场之间的四驱 SUV 换成了一辆软顶敞篷车——一辆海军蓝的 88 款宝马 3 系，我现在开它去中央情报局总部上班。我的新车有趣又复古，甚至还有一个磁带卡座，我把它连在了 iPhone 插孔上。驶近五角大楼时，我把音乐调低，军警用反射镜检查了我的车底，最后递给我一张可以塞在挡风玻璃下的许可证，然后挥手让我通过。离会面的时间还早，所以我在驾驶座上坐了几分钟。我的目光向北越过波托马克河，投向华盛顿特区。我的右边是里根国家机场，左边是阿灵顿国家公墓。飞机从左向右飞过墓地，经过五角大楼附近，进入机场。

这条飞行路线让我想起阿灵顿的葬礼。葬礼总要持续大约二十分钟，而在白天，二十分钟内没有飞机经过是不可能的，至少会有一架飞机飞过头顶，用声浪淹没葬礼仪式。这种情况发生在几年前管子的葬礼上，也发生在我之前和之后参加的其他葬礼上。我不禁感到某种不安，这暗示着美国不会因为某人的死亡而停顿。飞机需要降落。通勤者需要通勤。生活需要继续。因为别无选择。然而，那天下午，坐在停车场里等着进入大楼时，我脑海里只有管子。他是我这次来会面的缘由。

几周前，我接到柯克的电话。他参加了华盛顿特区为退伍军人举办的慈善义演，在那里遇到了迈克·马伦上将。柯克提到了他为金星家庭的孩子们筹措奖学金的工作，其中包括管子的家庭。柯克感谢上将参加了管子的葬礼。上将问柯克是如何知道这个家庭的，他提到了我的名字。几天后，我收到了参谋长联席会议办公室的一封邮件，要求我前来会见上将。我不确定这次会见的目的是什么，只知道被要求前来，所以我当然会来。这就是我把车停在了五角大楼直升机停机坪前的原因。

当然，我很奇怪上将为何要见我。最近，我开始问自己，还能在战争中坚持多久。几个月前，我有了第一个孩子，是个女孩。近八年来，我一直处于以下三种状态之一：部署前训练、部署在外、部署后归来。我并非不喜欢自己所做的工作；事实上，我非常喜欢。我深深爱着它，这让我在思考自己的人生进程时百感交集。

职业军人的生涯在诸多方面都与职业运动员相似。比如说，如果我是一名橄榄球运动员，那么我在步兵营的早期经历就相当于在高中打球。我们的团队斗志昂扬，能力参差不齐。我们的装备质量低劣，通常是二手货。我们以一种纯粹的方式打球，出于对这项运动的热爱，也为了我们鲜为人知的团队荣誉，而且常常是在不太理想的条件下。到了职业生涯中期，我加入了海军陆战队特种作战部队，相当于在大学打球。球员的水平更高。我们的球队有了一定声望，经常与那些实力相当的对手交锋。我们的装备是新的，比赛的条件也更好了。有时，我们的比赛甚至会出现在电视上。到了职业生涯的后期，我成了一名准军事情报官，相当于在美国橄榄球联盟打球，一些最优秀的球员就在我们队伍里，他们是真正的精英运动员，享有很高的声誉，有时甚至是传奇。我们现在面对的是最难对付的球队，他们阵容中有最强悍的球员。我们的装备世界一流，无可比拟。我们甚至常常乘坐没有标志的私人飞机去参加比赛。我们最重要的比赛成了全国性的赛事。如果你赢得了"超级碗"，或许还能见到总统。对于赌注如此丰厚的比赛，放弃是很难的。但最终，你仍然只是在打比赛，不管是橄榄球还是其他东西。最后问题变成了：这种比赛是你余生都愿意做的事情吗？

对于我的许多亲密好友，那些我热爱的、钦佩的、长期以来被我视作楷模的人来说，这个问题的答案非常明确：是的，他们愿意。但是我越来越不确定。如果我不想一辈子如此，那么现在就是离开的时候了，因为我还年轻（而且还活着），还有机会做其他事情。这就说回到了我和马伦上将的这次会面。他为什么要见我？在会面前的几天里，我由着自己胡乱猜测。也许他的手下有空缺。或者他想和我谈谈国防部的一个特殊项目，这将作为我开始考虑其他事情的垫脚石。即使在当时，我也知道我在放任自己的想象力。但他是上将，而我在政府薪酬体系中只是一个卑微的 GS-12，所以我被召见肯定有某种具体的原因。

该进去了。我感觉很乐观。我甚至没有把那辆老敞篷车的顶盖合起来，就走进了五角大楼庄严的前门。尽管曾经在这栋楼里工作过，但我以前从未这么做过。在一道笨重的双开门的另一侧，我遇到了另一名全副武装的军警。他坐在防弹玻璃后面，身穿防弹背心。他在名单上核对了我的名字，又打了一个电话。此后不久，一位身着制服的陆军中校从镶有橡木板的走廊尽头走来。她的右肩上佩戴着一条金色穗带，标志着她是一名副官。她带我穿过走廊，来到主席办公室对面的接待室。她解释说，目前的会议很长，但会议结束后她会来叫我。她随手关上门，把我留在了房间里。这个房间和走廊一样，也是用橡木板装饰的，挂满了一系列印刷品，都是美国标志性战役的场景。我的目光扫过墙壁。列克星敦的民兵。葛底斯堡的联邦军。阿尔贡的恶魔犬①。

---

① 阿尔贡位于法国东北部，以茂密的森林和多山的地形而闻名。在 1918 年第一次世界大战期间，美国远征军在此地对德军发动了默兹-阿尔贡进攻。当时德军称美军为"Devil Dogs"（恶魔犬）。此短语通常用来强调美国远征军的勇气和战斗精神。

其中一幅画作是关于瓜达尔卡纳尔战役①的。我凝视着它,脑海中闪过一个非常独特的想法。这是《细细的红线》中的一段对话,这本书以那场战争为背景。事实上,这段话并非出自原著,而是出自由泰伦斯·马利克执导的改编电影。故事发生在戈登·托尔中校——一个由尼克·诺尔特饰演的雄心勃勃的刽子手——正准备与将军会面之际,这位将军将在即将到来的战斗中决定他的命运。托尔在画外音中自言自语:离恺撒越近,恐惧就越甚。

两扇紧闭的门和一道走廊,把我与世界上最有权势的军官隔离开来,我对那种恐惧深有同感。我十七岁就开启了军旅生涯,而那天等着会见上将时,我已到而立之年。在将近一半的人生中,我一直生活在一

---

① 二战期间发生在所罗门群岛一个岛屿上的战役,是美国及其盟友与日本之间的战斗,被认为是太平洋战争的转折点,标志着盟军开始收复被占领土,并逐渐逼近日本本土。

个以参谋长联席会议主席为最高军事权威的等级制度中。这是一个为战争而设计的等级制度，也就是说，其宗旨是夺取和牺牲生命，也是一种极其强大的等级制度。对那些没有在其中生活过的人来说，它的威力往往令人瞠目。在军队生活中，等级制度无处不在，因为生活本身就取决于它。在战争中，你的指挥系统，你的等级阶层，决定着你的命运。命令就是命令，军衔就是军衔，模棱两可在等级制度中是不可容忍的。如果两名同一级别的军官站在同一个房间里，那么先晋升的那个就是上级。如果他们是在同一天晋升的，你要查看当天的晋升名单，看谁排在前面。总有人在前面。总有人比你更有权威。几个月前，我作为一名文职政府雇员加入了中央情报局，我发现自己因为这种权威的缺位而不知所措。或者，换句话说，我发现自己迷失了方向，因为我经常被问及自己的生活。以下的部署日期适合你吗？这个周末你可以工作吗？请务必记录你的加班时间。

一个如此意外且深不可测的机构。

但积习难改。尽管我不再穿制服，可马伦上将在这个等级制度中的至高地位，还是让坐在等待室里的我焦虑不安。外面的走廊上，门开了又关。我可以听到上将的助理在护送他之前的约见者离开办公室。显然，他们有一套精心设计的系统，以便每次约见都能隐秘地进行。过了一会儿，助理打开了门："主席要见你了。"

我走进他的办公室时，他正在做一件完全出乎意料的事情。他背对着我，正在查看电子邮件。我从未想过，像他这种级别的人竟然要写邮件，或者从事其他普通的行政工作。潜意识里我一直认为，他和其他掌管着我们战争和生活的四星级神人，只需向细心的工作人员发号施令，再由他们将这些指令转录到邮件中。可是现在，他的助理在门口宣布了我的到来，他却在清理他的收件箱。他回答道："稍等。"他在把编好的信息发送到网上之前，又最后敲了几下键盘，去掉几个字。然后，他在椅子上转过身来。他站起来，伸出手穿过房间。"艾略特，"他说，"谢谢你的光临。"我们握了手，他示意我坐在他那把簇绒真皮椅对面的沙发上。一名勤务员端上了茶点，上将显得随意而轻松。他是一个严肃的人，但并不自以为是。他问我来这里是否遇上了什么麻烦。他问我住在华盛顿什么地方。他还想知道我离开海军陆战队的确切时间。他随意交叉着双腿。他没有像我以前看到的那样身着制服，而是穿着卡其工作裤。他的四星徽章很勉强地别在衣领上，好像在设计制服时没有人考虑到他的军衔。

上将很快就问起我在反恐特遣队的工作情况。他想知道，与我在海军陆战队时指导过的阿富汗突击队相比，反恐特遣队表现如何。我们谈到了巴基斯坦边境，以及它给我们在阿富汗的反叛乱行动带来的挑战。当然，这些都是他从各种渠道随时能够了解的话题，包括我现在工作的情报机构。也就是说，在这些话题上，我们的交谈感觉很形式化，有点像初步的闲聊。上将召见我并不是为了谈论这些话题。此刻，我在想他是否会透露那个原因，也许他会解释需要我帮助的特殊任务，或者是可能改变我生活轨迹的意外机会，让我从这些战争中摆脱出来。

但他没有这么做。我们中间出现一阵尴尬的沉默。这时，我决定提及我当天带来的唯一议题。我想感谢他两年前出席了管子的葬礼。当我解释在那里见到他是多么有意义时，他迅速打消了我对这个举动的任何大惊小怪。事实上，他是如此不屑，以至于我一度怀疑他是否还记得那次葬礼。这让我得出一个单独而明显的结论：也许他在阿灵顿出席了太多的葬礼，以至于很难区分一个又一个仪式。那天他站得那么远，是因为他不想让自己的出现主导整个仪式吗？还是说，他自己需要那样的距离？如果他决定要出席所有这些葬礼，如果他每次都选择与家人一起站在墓旁，那么对于他来说，这些葬礼的累积重量就太过沉重了。

然后，他问了我一个出乎意料的问题："你还好吗？"

我低头看了一眼面前的茶点——咖啡、饼干和一杯水。"是的,"我说,"我很好,谢谢。"

但他又问了一遍,语气更加真诚:"你还好吗?"并补充道:"听起来你在过去的几年里经历了很多,而且还在执行很多部署任务。我把你叫来,是因为这可以帮助我了解你,和像你这样的人过得如何。你们都还好吗?"

我告诉他我很好。

我们的会面很快就结束了。我走到外面,钻进车里。当我从五角大楼驶出时,军警在大门口拦住了我。我把音乐调低。他们要求我归还停车证。

第六场

普利亚，一座石头房子

——

已经是晚上了，理查德拉中校还在北门。有两个小组，一组由哈迪负责，另一组由伊恩协助，正尝试在机场对面的阿比门会合。理查德拉发消息：大家好，我刚刚添加了我的侦察连长瑞恩和排长马蒂。他们将在阿比门附近帮着接应这些人。

地面负责人是哈迪小组的一名阿富汗人。他的名字叫艾哈迈德。为了在人群中引人注意，他在头上系了一条杜拉格风格的围巾。围巾是天蓝色的，也叫作阿富汗蓝。我在群聊中发布了一张他的照片。

马蒂用他自己的一张照片回应了我，这张照片是他在阿比门的有利位置拍摄的。一堵石墙紧靠着运河。数百名阿富汗人坐在墙上，其中大部分是男性。少数人带着行李，大多数人什么都没带。他们只有身上的衣服。有些人已经涉水进入作为机场屏障的运河。这张照片是用闪光灯拍摄的，闪光经由一些人的眼睛反射出来，使他们看起来像动物，比如猫，或者其他受惊的夜间动物。但是仔细观察照片就会发现，造成这种非人化效果的并不是闪光灯，而是机场的绝望处境。在他们身后，蛇腹形铁丝网围着一座警戒塔。这是阿比门安全警戒线的一部分。

马蒂发消息：目前我的大部分队员都有任务在身。明天下午三点左右我会派一个小组过去。如果你们能让他们提前来到这座塔旁，我们就

会把他们带进来。

我感谢马蒂的帮助,他抱歉地说他不能尽快派人过去。他的排一直很忙。他在群聊中发布了一份手写名单,上面列出了他们在过去几天护送进入哈米德·卡尔扎伊国际机场的各个小组,并附上了已结案的说明,以及海军陆战队为每次行动指定的独特名称,例如:梯队时间,40人;法国人来了,266人;村庄的力量,134人;甘道夫支援,28人;危急时刻,6人;你在杀死我 SOFLE①,350人;不好玩,125人;危急时刻2,39人;临时精英,7人。以上仅是其中几例。

马蒂在群聊中发布了另外两张照片,以及以下指示:请把这个任务交给你们小组带头人。当他看到头盔上有这样的数字、身穿绿色数码迷彩服的海军陆战队员时,要冷静地进入运河,向他们走过去,再把我们排的联络员即将告知他们的口令报上去。随后的第一张照片是一名穿着上述绿色制服的海军陆战队员,双臂从身体两侧伸出,手掌平放,仿佛

---

① 指特种作战部队联络小组。

一具放置在塑料包装内的动作人偶。另一张照片是一顶低调的防弹头盔,通常由特种作战部队,包括海军陆战队侦察兵所佩戴。

天色很晚了,已经过了午夜。伊恩在东海岸,那里仍是傍晚。我需要睡一会儿,就问他是否可以负责与艾哈迈德等人协调,让他们做好准备,在阿富汗时间明天中午进入阿比门。在上床睡觉前,我查看自己的电子邮件,其中一封是马伦上将的妻子转发给雪莉·威斯汀的。这位退休上将正在试着撤离一个家庭,这个家庭的父亲曾在美国大使馆工作。但事实证明进展很缓慢。如果前参谋长联席会议主席都难以让人飞离哈米德·卡尔扎伊国际机场,这对我们来说并不是好兆头。最后我睡着了。

几个小时后,当我醒来时,看到的是伊恩、哈迪和艾哈迈德之间的一连串短信。他们已经将几个小组集结在阿比门附近。他们交换了名单,添加了那些已经与艾哈迈德会合的人的名字,删掉了那些放弃尝试的人的名字。在战争中,一条真理就是,简单的事情往往很困难,而困难的事情则几乎不可能完成。协调这些撤离行动介于简单和困难之间。在短信中,我们一遍又一遍地讨论撤离将如何进行。哈迪甚至详细列出了步骤,用数字做了解释,确保每个人都明白自己要做什么:好的,以下是我对撤离顺序的描述。请根据需要提供建议或做出更正。据我了解,撤离顺序如下:

1. 在某一时间,海军陆战队员将通过这个号码与艾哈迈德联系。注:我已经就此事与艾哈迈德进行了沟通。他在手机里保存了海军陆战队的号码。

2. 海军陆战队员将从哈米德·卡尔扎伊国际机场出发。

3. 艾哈迈德需要留意海军陆战队员所戴的编号头盔和绿色数码迷彩服的样式(如马蒂在短信中所示)。注:我已把相关图片发给艾哈迈德。

第四幕 阿比门

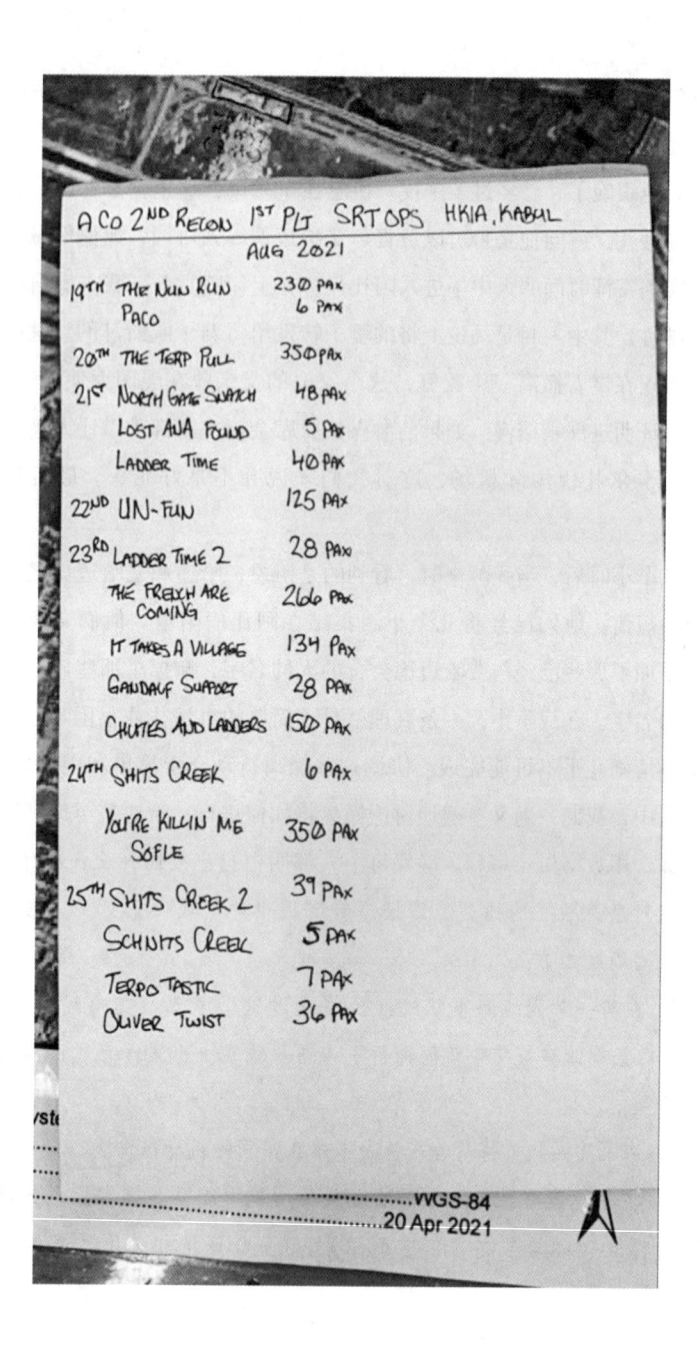

A CO 2ND RECON 1ST PLT SRT OPS HKIA, KABUL

AUG 2021

19TH	THE NUN RUN	230 PAX
	PACO	6 PAX
20TH	THE TERP PULL	350 PAX
21ST	NORTH GATE SNATCH	48 PAX
	LOST ANA FOUND	5 PAX
	LADDER TIME	40 PAX
22ND	UN-FUN	125 PAX
23RD	LADDER TIME 2	28 PAX
	THE FRENCH ARE COMING	266 PAX
	IT TAKES A VILLAGE	134 PAX
	GANDALF SUPPORT	28 PAX
	CHUTES AND LADDERS	150 PAX
24TH	SHITS CREEK	6 PAX
	YOU'RE KILLIN' ME SOFLE	350 PAX
25TH	SHITS CREEK 2	39 PAX
	SCHNITS CREEK	5 PAX
	TERPO TASTIC	7 PAX
	OLIVER TWIST	36 PAX

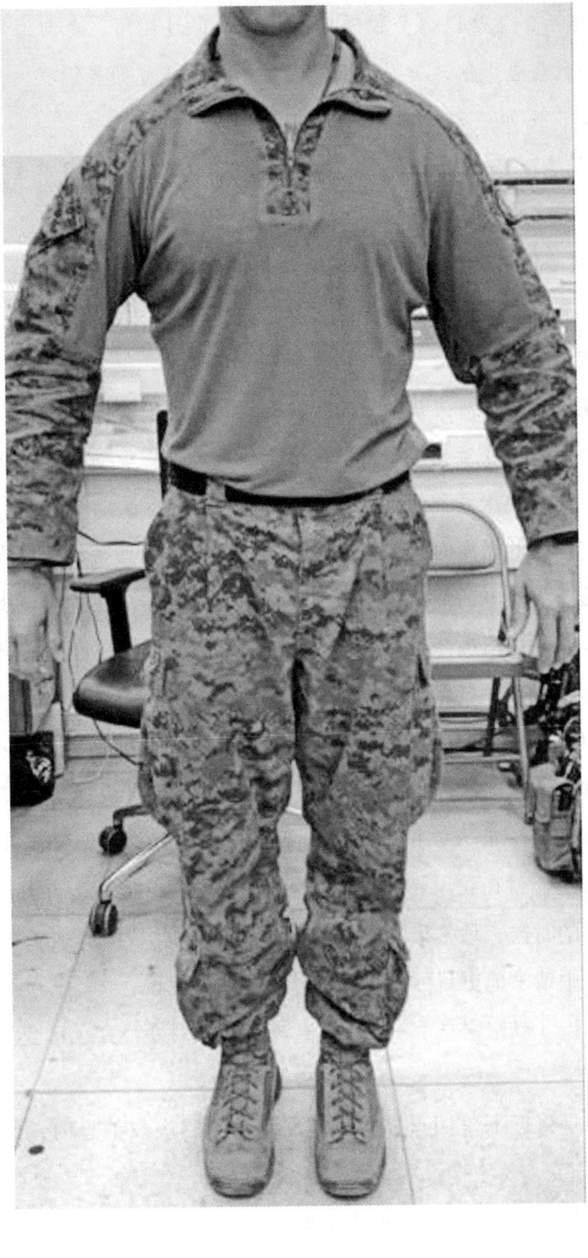

4. 然后，艾哈迈德会带领大家平静地穿过运河，走向海军陆战队员。注：我会告诉他，单列纵队是可以的，除非你们告诉我，他们需要更慢一些，比如一次只过去一个人。

5. 艾哈迈德要向海军陆战队员报上暗号。注：暗号目前未知，正在等待更多信息。

6. 艾哈迈德要为海军陆战队员确认每个小组的所有成员。注：这可能很困难，因为艾哈迈德刚刚见过每个小组的人。而我们预计会有三十多人。艾哈迈德也许能从外观上识别出小组成员，但可能无法记住所有人的名字。还有一种方法，就是让艾哈迈德报出所有其他小组带头人的名字，然后由这些带头人报出他们小组的成员。如能确认艾哈迈德该以何种形式提供小组成员的身份证明，我们将不胜感激。

我们计划的撤离时间已经过去了。我试着联系马蒂，但他没有回复我的短信。我打电话给他，他的手机只是响个不停。在我们试图联系马蒂的时候，尼克出现在另一个短信平台上。自从我们在南门的尝试失败后，我再也没有他的消息。他询问的是他的一个熟人努尔扎伊的事情。努尔扎伊有签证，但无法进入机场。努尔扎伊在北门。尼克问我们能不能帮他进入哈米德·卡尔扎伊国际机场。我解释说他运气不错。我们在阿比门有一群人，正准备进入机场——也就是说，努尔扎伊得及时赶到那里。就在我正要把艾哈迈德的手机号发给尼克，再由他转发给努尔扎伊的时候，马蒂出现在群聊中，回复了我几小时前的一条信息，我在信息中请求他更新可能的会合时间。他回复说：我的队员仍在积极地往里拉人。我刚刚打了一个瞌睡。一旦我回到办公室，就会了解更多情况。

现在是将近下午四点，所以当尼克在群聊中发消息时，已经很晚了，他写道：努尔扎伊已经与艾哈迈德通过话，计划在三十分钟内会合。

我回复：叫他快点，海军陆战队员已经准备就绪。

十分钟过去了,这时马蒂又出现在群聊中。他要求再发一张艾哈迈德的照片。他告诉我们要有耐心。他有几支队伍,都在忙着从人群中拉人。他道歉并解释说,他正在等待一支队伍腾出空来。此后不久,马蒂等不及了,他打算亲自去试试。他发消息:我现在就过去。

艾哈迈德发了一个双手合十的表情符号。

又过了几分钟。然后马蒂写道:请领头人进入运河,以方便辨认。

艾哈迈德:好的。所有人都要进入运河吗?

马蒂:进去时小心点,要耐心,我马上就到。我的头盔上有我的号码。

艾哈迈德:好的。

马蒂:102。

(马蒂重新发送了他低调头盔的照片,号码就印在头盔侧面的尼龙搭扣上。)

第四幕 阿比门　173

又过了五分钟，艾哈迈德发消息：先生，我们已进入运河。

这时，在另一个群聊中，我向尼克询问努尔扎伊的进展：开始撤离了。他在那里吗？

尼克：我想他快到了，正试着与他确认。

（又过了五分钟。）

尼克：我联系不上他。希望这意味着他已靠近阿比门，所以干扰器正在起作用。有艾哈迈德的消息吗？

我告诉尼克，他正在运河里等待海军陆战队员到来。我试图联络艾哈迈德，看他是否已经与努尔扎伊会合，他也没有回复。这时，尼克收到了努尔扎伊的一条消息，他写道：大门就在眼前，我看到美国人了。但仅此而已，努尔扎伊再也没有其他消息。三十分钟过去了，已接近下午五点。终于，我收到了艾哈迈德的一条短信：嗨。

我问：你在机场吗？

是的先生。

我向艾哈迈德询问努尔扎伊的情况，他写道：他来得太迟了。我当时正在帮助确认那29个人的身份，他可能在那段时间打过电话。先生，非常抱歉。

这时马蒂突然出现在群聊中：我亲自把全部29人都拉了进来。

那一刻，我突然意识到，我从未向马蒂提起过我在海军陆战队服过役。我很感激他，并为正在进行这项工作的海军陆战队员感到自豪，我把这些话告诉了他，列举了我服过役的部队，还提到了我在两栖侦察学校的班级号码，这似乎是他最感兴趣的，因为他用自己的班级号码做了回应：两栖侦察学校2007届3月班。

我对此回应道：伙计，洛克尼斯。很荣幸认识你。

他写道：那座该死的沙丘！每次他妈的操练都要爬那座山！我们有些人甚至要爬两次，该死的混蛋！！

我回道：是的，那座山真该死。

二十分钟后，阿比门前发生了一起自杀式炸弹袭击。有 13 名美国人和 150 名阿富汗人遇难。马蒂幸存了下来，艾哈迈德和我们刚刚救出的其他人也活了下来。努尔扎伊在爆炸中幸免于难，但他仍被困在大门外头。

第五幕

终 结

"愿真主犒赏阿富汗人民,他们与异教徒和压迫者战斗了二十年。"

——2021年10月31日,塔利班最高领袖哈巴图拉·阿昆扎达于坎大哈,达鲁勒姆·哈基玛神学院

第一场

北卡罗来纳州，勒琼营，一间办公室

———

阿比门爆炸案发生后的第二天，一段视频开始在坊间流传。视频中的是海军陆战队中校斯图尔特·谢勒。他坐在办公桌前，身穿迷彩服，衣袖卷起，紧紧包裹着二头肌。他身后的干擦板上潦草地写着早些时候的会议记录，夹杂着战术符号，是那些没有在军队服过役或学习过的人无法理解的。他皱着眉头说："婴儿潮时代已经结束。我要求追究各级政府官员的责任。如果我们得不到答复，我就要付诸行动。"一位海军陆战队的老友把这段近五分钟的视频转发给我，他也是一名中校，目前仍在服役。他写道：如果在今天结束前斯图还没有丢掉工作，那将是一个奇迹。

在这段视频中，谢勒向高级军事领导人喊话，包括参谋长联席会议主席马克·米利、海军陆战队司令大卫·伯杰和国防部长劳埃德·奥斯汀。"人们感到沮丧，因为他们的高层领导人让他们失望，他们中无人挺身而出承担责任，或者说'我们把事情搞砸了'。"但谢勒的言论不仅仅是问责那么简单。他还引用了托马斯·杰斐逊[①]的话："每一代人都需要一场革命。"

看完视频后，我不知道该怎么理解它。我的第一反应是将其归类为一次发泄。如果原来还不够清楚，那么在阿比门爆炸案之后，这一点变

得显而易见,即拜登政府在处理阿富汗撤离问题上表现得异常无能。谢勒的情绪原始而激烈,因此,即使现役军官发泄愤怒不合时宜,似乎也可以理解。然而,经过一番思考,我慢慢意识到,刚才看到的视频另有深意:这是一种自焚行为。

事实证明,给我发视频的朋友是对的,当天结束时,军事高层迅速解除了谢勒的营部指挥权。海军陆战队在选拔培养营长方面非常慎重。谢勒担任这一职务的事实意味着,在此事件之前,他备受尊敬,是一位前途大好的海军陆战队军官。此外,谢勒已进入二十年职业生涯中的第十七年。在满二十年的时候,他将有资格以基本工资的一半退休,还可以享受终身医疗保健等其他福利。但他只用了短短四分四十五秒就毁掉了这一切。谢勒是一位丈夫和父亲。他为什么要这么做?

人们常说,虽然美国军队在过去的二十年里一直在打仗,但美国本身却一直逍遥于战争之外。这导致了巨大的军民分歧。在这次拙劣的撤

---

① 托马斯·杰斐逊(Thomas Jefferson,1743—1826),美国开国元勋和第三任总统,也是美国独立宣言的主要起草人。

军行动中，现役军人和退伍军人每天都接到数百个来自阿富汗盟友及其家人的电话和短信，这些人现在被迫独自对抗塔利班，这只会加深众多服役人员的疏离感。这种疏离感，加上美国军队的日益政治化，对我们的民主来说是一种易燃混合物。

在从阿富汗撤军前的 18 个月里，我们目睹了美国军队前所未有的政治化，从马克·米利将军身着迷彩服和特朗普总统一起穿过拉斐特公园，到高级军官在国会做证——涉及各种主题，从 1 月 6 日冲击国会大厦事件到右翼极端主义，再到批判性种族理论——都成了有线新闻主播的深夜素材，他们试图搞清楚那帮穿制服的人在民主党和共和党的两阵对垒中站在哪一边。从历史和表面上来看，美国军队是一个非政治组织，但这并不意味着军人没有政治观点。他们当然有自己的观点。但军队应该远离政治，因为它奉行的是奥摩尔塔准则①。谢勒的视频打破了这一准则。

海军陆战队是一个小圈子。早在谢勒还是一名二十岁左右的中尉时，他曾在 1/8 服役，比我晚一年。给我发视频的朋友——我提到的另一名中校，在伊拉克时和我同期于 1/8 服役。我们还一起在匡提科接受过训练，和现任 1/8 指挥官的理查德拉中校同班。在谢勒录制这段视频时，理查德拉的海军陆战队员正在守卫哈米德·卡尔扎伊国际机场。我们相互都认识。但了解我们的美国人越来越少。

全志愿军队已经与广泛的美国文化脱节。几十年来，以公民士兵模式为特征的美国军队，已经被一个越来越封闭、孤立，且只生活在自己原子化现实中的职业军人阶层所取代——就像美国的其他阶层一样。这很危险。

作为一名军人，我见证的第一次总统选举是在 2000 年，当时是乔

---

① 又称缄默法则，原指黑手党之间的准则之一，要求成员保持沉默，不泄露内部信息。此处用来描述军队内部的沉默和政治中立的原则。

第五幕 终结 181

治·W. 布什对决阿尔·戈尔。那时我在上大学，是海军预备役军官训练队的学员。记得在选举日当天，我问一位在我们大学做访问学者的海军上校是否投了票。就像有人递过来一支烟时他可能会说"我不抽烟"一样，他说："哦，我不投票。"他的回答当时让我感到困惑。他是第三代军官，有着强烈的使命感。之后他解释说，作为一名军官，他认为保持政治中立是他的义务。在他看来，这包括不投票选举自己的最高统帅。

虽然我不赞成现役军人将远离政治的承诺延伸至不投票，但多年来，我遇到过一些出于类似理由而放弃选举的人。这种互动对我是一种早期教育，让我知道，一些军人会为了避开政治而付出各种努力。这也表明，从定义上讲，军人与总统的关系跟平民有所不同。正如那位上校在 2000 年所认为的那样，他不是在投票选举总统，而是在选举自己的最高统帅，他觉得投票给他指挥系统中的任何人都不合适。事实证明，那次选举的结果备受争议。布什在佛罗里达州获胜，之后，戈尔对选举结果提出质疑。争议官司一路打到最高法院，从大选打到就职典礼，直到举行典礼时戈尔才认输。

质疑选举有很多种方式，其中一些比另一些更加鲁莽和不体面，但我们最近的两次总统选举无疑都符合这一特点。在 2016 年，民主党人质疑唐纳德·特朗普的合法性，理由是他的竞选团队与俄罗斯勾结。在 2020 年，共和党人对选举的质疑大幅升级，广泛宣称选举欺诈，最终在次年 1 月 6 日爆发了骚乱。

如今，美国政治深陷于功能失调之中。虽然 1 月 6 日的画面仍然难以磨灭，但在 2020 年总统选举前几天，红州和蓝州①的一座座城市被木

---

① 红州与蓝州反映的是美国近年来选举得票数分布的倾向，表示共和党和民主党在各州的势力。红色代表共和党，长期倾向支持该党的州称为"红州"，蓝色则是民主党的代表颜色。

板封起来的景象,也应引起我们的关注。如果有争议的选举成为常态,那么围绕选举的大规模抗议就会成为常态;如果大规模抗议成为常态,那么警察和军队对这些抗议的回应肯定会随之而来。这种新的常态我们难以承受。我们在理解自己所陷入的这一轮选举争议方面,几乎没有取得任何进展。最近的一次尝试是成立了1月6日委员会,但来自国会的支持微乎其微。

破坏性的复合体在美国人生活中并不新鲜。在向全国发表告别演说时,德怀特·艾森豪威尔总统发出了这样的警告:"在政府的决策中,我们必须防范军工复合体获得不必要的影响力,无论是有意寻求还是无意间获取。错位权力灾难性崛起的可能性一直存在,并将持续下去。"

在其军事生涯中,艾森豪威尔曾在欧洲指挥盟军抗击纳粹,他在1961年1月发表了上述讲话,当时正值冷战高潮。冷战导致了美国社会的急剧军事化。在艾森豪威尔发表演说后的六十多年里,"工业复合体"一词一直被用来描述各种行业自我辩护和自我延续的本质,其中包括医疗、娱乐和教育等。但这正是使我们目前深陷危险境地的政治化身。正如艾森豪威尔时代的军工复合体威胁到了民主一样,政治-工业复合体也有可能破坏我们时代的民主。

2020年,《哈佛商业评论》发表了一篇分析文章,由凯瑟琳·盖儿和迈克尔·波特撰写,简洁地描述了这一系统性威胁:"我们的政治体系非但没有'崩溃',反而正在按照其设计初衷精确运行。它不是为了实现公共利益或促进政策创新而建立的,也不会因未能实现这些目标而担负责任。相反,大多数影响日常行为和结果的规则,都由我们政治体系中心根深蒂固的双寡头垄断——民主党和共和党(以及它们周围的行动者)进行了过度优化,甚至是特意创造出来的,目的就是为己牟利。我们把它们统称为政治-工业复合体。"

这个政治-工业复合体不仅包括大批的竞选工作人员、民意调查员、顾问和其他党派职能人员，还包括激发分裂的媒体（传统和非传统媒体），因为分裂吸引人们参与进来，持续关注屏幕，从而带来利润。

从2008年至2014年，尽管三大有线新闻频道的黄金时段收视率平均下降了约1/3，但唐纳德·特朗普的参选和当选引发了收视率飙升，美国有线电视新闻网（CNN）在2016年获得了近10亿美元的利润。在2020年总统大选前夕，福克斯新闻（Fox News）在晚间八点至十一点的黄金时段成了收视率最高的电视频道。这一"最高"不仅仅是在有线电视新闻中，而是在所有电视频道中。

这个复合体的影响远远超出了政治范畴。如今，几乎生活的各个方面都处在左右政治光谱上的某个点位。我们问自己的每个问题都要透过政治滤镜。例如，在新冠大流行期间，我非常希望我小学年龄的孩子能和他们的朋友一起去上学。在与其他家长交谈时，即使在我们应对新冠病毒的情况下，我也强烈希望自己的孩子能在教室上课，这是否会让我成为特朗普的支持者？成为共和党人？

我也是一名退伍军人。当我告诉我的战友，战俘永远不应受到诽谤，被定罪的战犯不应被奉为民族英雄时，他们会不会认为我是绿色新政的支持者？认为我是民主党人？美国生活的政治化正在迅速普及，几乎没有任何观点或思想存在于党派界限之外。

1939年，美国刚刚从大萧条的泥沼中爬出，我们的军队在全球排名第十九位，落在葡萄牙之后。第二次世界大战和随后的冷战是理论家所谓"全面战争"的缩影，在这样的战争中，社会的各个方面都被动员起来。这与过去几个世纪不同，当时各国通常进行"有限战争"，依赖的是专业军队，而不是广泛动员公民和国家生产资料。全面战争的一个后果是，即使是社会的非军事部分也会成为军事目标：制造业、农业、能源，甚至是平民。

艾森豪威尔发表演讲时，全面战争已经达到巅峰。因为，终结文明的核武器的发展，使人类的继续存在取决于美苏之间"相互保证毁灭"的危险原则。

衡量我们当前"全面政治"状态的一种方法是观察总统竞选不断膨胀的经济规模。在1980年的总统选举中，共和党和民主党的支出总额为6 000万美元（经通货膨胀调整后为1.9亿美元）。备案文件显示，2020年的选举花费了144亿美元，这意味着支出增加了75倍。

军工复合体有赖于美苏冷战冲突，而政治-工业复合体则从左右两派的矛盾中获取利益。如果说军工复合体让我们陷入了一种永无止境的战争模式，几乎没有胜利的希望，也没有尽头，比如朝鲜战争、越南战争、伊拉克战争和阿富汗战争，那么政治-工业复合体则让我们陷入了一种永无休止的竞选模式，在这种模式中，我们的政治精英更需要有争议的问题，而不是解决问题本身——比如枪支管制、移民和医疗保健等关键问题。

我们的激情正在被一个以我们对彼此最低级的恐惧为基础的政治-工业复合体所煽动和操纵，以获取利益。我们的民主实验之所以成功，是因为它激发我们内在的优良品质，而不是恶劣品性。艾森豪威尔认识到了这一点，他在结束告别演讲时呼吁的，正是我们每个人的这种本能："在尚未书写的历史长卷中，美国知道，我们这个变得越来越小的世界，必须避免成为一个充满可怕的恐惧和仇恨的社会，而应该成为一个相互信任和尊重的自豪联盟。"

如果我们真的变成了一个充满可怕的恐惧和仇恨的社会呢？

在冷战中，失败意味着通过核战争实现相互毁灭。幸运的是，这一结果从未出现。尽管艾森豪威尔的告别演讲发生在古巴导弹危机前不到两年，这是人类有史以来最接近核毁灭的一次，这一点很有启发性。今天，我们面临着另一种危险。我们是否正在进入这样一个时代：在一个分裂得无可救药、双方都不愿意接受失败的国家进行选举？在一个民主国家，这是最真实的相互保证毁灭的方式。

这让我们想起了大学时认识的那位上校，以及他坚持远离政治的信念。在军事界，尤其在退役军官中，这种观点似乎越来越不受欢迎。2016 年，我们近些年来第一次看到，知名的退役军事领导人在两党全国代表大会上获得了重要的发言机会。这一趋势近年来愈演愈烈。在 2020 年的选举中，我们看到一些退休的高级军官，包括几个高级指挥部的前负责人，在知名媒体上撰写文章，发表言论反对唐纳德·特朗普，还有一些人组织起来反对乔·拜登的议程，比如美国军事高级将领协会等。

美国军队是我们社会中最值得信赖的机构之一，因此来自军方领导人的支持已经成为越来越有价值的政治商品。如果这种日益加剧的军事政治化趋势渗透到现役部队中，可能会导致危险的后果，尤其是在选举期间，特别是总统选举。

许多评论家已经指出，到 2024 年，甚至 2022 年，落选的政党可能会鸣冤叫屈，他们的支持者也可能会涌上街头，执法部门，甚至军队，就会被召集起来应对这些抗议活动。因此，不难想象，如果全国有一半的人声称当选领导人是非法的，那么某些持有个人偏见的军人可能会开始质疑他们的命令。这听起来可能有点危言耸听，但只要政治领导人继续质疑我们总统的合法性，我们军队中的一些人可能也会这么做。

举行有争议的选举就像酒后驾车。酒驾司机去了酒吧，喝得有点多，也通常能安全回家。他们第二天早上会自欺欺人，认为前一天晚上并没有那么糟糕，他们可以控制自己的酒量。通常情况下，安全到家只会强化酒后驾车者的信念，即他们可以在酒吧放纵一下不负责任的行为——直到他们开车撞上了电线杆。所以，也许我们第一次酒驾就让这个比喻中的车撞上了电线杆，也许是第五次才撞上，但当不良行为成为习惯时，最坏的结果就成了必然。

当一个共和国拥有庞大的常备军,但这支军队感到被其所服务的社会误解,甚至背叛时,对选举合法性的怀疑就格外危险,谢勒在他的视频中表达了这种情绪。每个人都有他那样的感受吗?不,当然不是。但在经历了二十年的战争,最终以拙劣的喀布尔撤离而告终之后,我听到了其他人对他的背叛感的共鸣。

所以,我们如何看待谢勒的视频很重要。关键是要明白,与其说这是一种发泄,不如说是一种自焚行为。从历史上看,如果不予重视,自焚行为会在社会中引发灾难性崩溃。还记得突尼斯的水果小贩穆罕默德·布阿齐齐①吗?还有越南的僧侣释广德法师②?前者吹响了"阿拉伯之春"的战斗号角,后者成了越南战争的标志性烈士。读读他们的故事吧。你会注意到,每次自焚都持续了大约四分四十五秒。

---

① 穆罕默德·布阿齐齐(Mohamed Bouazizi,1984—2011),在2011年的一次抗议中自焚,以反抗警察的恶行和政府的腐败,而后触发了"阿拉伯之春"运动。
② 释广德(Thích Quảng Đức,1897—1963),越南大乘佛教僧人,于1963年6月11日在西贡一个繁忙的十字路口举行自焚仪式,以抗议南越政府对佛教的歧视和迫害。

第二场

美国海军学院

———

"9·11"事件已过去二十年。乔希带着他六岁的儿子韦斯顿按计划飞了过来,我们醒得很早,准备带孩子们去看海军对阵空军的橄榄球比赛。前一天晚上,乔希从离勒琼营不远的威尔明顿飞来,他从海军陆战队因伤退役后定居在那里。我一直认为,要不是因为他的腿受伤,乔希会继续待在部队,为组织效力。他本可以成为一位出色的将军。然而,他把自己变成了一位成功的商人。他有次跟我开玩笑说,他经历了一个美国人所能经历的所有典型事件:参加战争;组建家庭;创办并使一家企业上市。他笑着对我谈起这些,但也承认,他不确定接下来会发生什么。

他到达的那天晚上,在我们把孩子们安顿好之后,他和我待到很晚,一边喝酒一边聊起类似的话题。具体来说,我们讨论的是阿富汗的未来,但那次谈话有一个潜台词:现在战争终于结束了,这将与我们每个人的未来息息相关。今年夏天,就在喀布尔陷落大约一周前,乔希给我发了一段视频。视频拍的是阿富汗突击队的一个营部,他们正在为最后的进攻做准备。这是一次孤注一掷的直升机突袭,目标是当时被围困的赫尔曼德省首府拉什卡尔加。视频是在午夜的黑暗色调中拍摄的。全副武装的突击队员排着整齐的队伍走向等候在停机坪上的直升机。他们用达里语高喊:"真主至上!"接着是:"阿富汗万岁!"乔希已经多年没有去过阿富汗,但他承认,看到那段视频让他渴望回去。他觉得自己本该登上那些直升机。看了那段视频,我也想回去。或者换句话说,它提醒了我,无论我的生活——家庭、工作和友谊——在战争之外如何进展,战争始终在无形中控制着我,召唤我回去。坐在我家餐桌旁,乔希对我发给他作为回应的视频嘲弄了一番。那是《公主新娘》①里最受欢迎的桥段。影片的结尾,西班牙剑客伊尼戈·蒙托亚杀了六指人,报了杀父之仇。他转向自己的好友韦斯利——一名马童出身的海盗,若有所思地说:"你知道,这很奇怪。我已经从事复仇的营生太久,现在结束了,我不知道接下来该怎么办。"韦斯利回答说:"你有没有考虑过做海盗?你会成为一个了不起的恐怖海盗罗伯茨。"乔希是海军学院2001届的毕业生。他从事复仇的营生很长时间了。

阿比门爆炸案发生后,我们把阿富汗人送入机场的能力大大受阻。然而,试图离开阿富汗的人似乎有增无减。很显然,离境的机会越来越渺茫,那些本想等机场状况改善后再伺机行动的阿富汗人,现在似乎更愿承担一周前还不会考虑的风险。乔希很好奇,想知道我对最后几天的撤离有何看法。我解释说,我现在大部分精力都集中在帮助马伦上将设法营救的一个家庭上。他们一共有九口人,包括四个小孩。这家的家长,我姑且称他阿齐兹,曾在美国大使馆工作。他的弟弟做过政府高级部长的司机,已经被塔利班暗杀,而这位部长本人在撤离初期就登上了一架飞离哈米德·卡尔扎伊国际机场的飞机,偷偷溜走了。

阿齐兹主要给我发语音留言。我给乔希播放了几条,第一条语音是阿齐兹在阿比门爆炸案当晚录下的。炸弹爆炸时,他就在附近,像其他许多尝试进入机场的人一样。"您好先生,希望您一切安好。"阿齐兹开

---

① 《公主新娘》是一部美国冒险喜剧电影,由罗伯·莱纳执导,于1987年上映。

始说话，声音有些颤抖。"我们刚刚撤回来，正在想办法去别的地方。我们不想被塔利班抓住，因为他们在到处找我们，不放过每一个地方，每一条街道，挨家挨户地搜。我们不想被他们认出来。我离爆炸一步之遥，我的衣服上全是血迹。我们全家都非常害怕。先生，我在等您的下一个电话。如果可能的话，先生，那就太好了，嗯，呃……"阿齐兹结结巴巴，过了一会儿才恢复平静，说："我情况不太好，话也说不清楚。我可以去机场附近。如果能有人接我们，那就太好了。目前，全家人的情况都很糟。他们很害怕。孩子们吓坏了。每个人都糟糕透了。"

我给乔希播放了阿齐兹的另一条信息，是前几天刚刚发来的。在最后一批美国人飞离喀布尔的机场后，阿齐兹一家九口挤进一辆出租车，向北前往马扎里沙里夫，躲在那里的一个安全屋里，等待一趟可能会来也可能不来的航班。安全屋并不是真正的房屋，而是一个婚礼大厅，由承担此次撤离费用的私人捐助者以高昂的价格租用。他在那里已经待了大约一个星期。剩下的资金大概只够维持安全屋一周的费用。塔利班已经去过他在喀布尔的家里。一旦资金用尽，如果他还没有坐上飞机离开，他将无处可去。阿齐兹的语音附带了一段视频，他拍摄了婚礼大厅的脏乱场景，孩子们漫无目的地四处游荡，他们一家睡在楼梯下，其他人睡在开放的大厅里，躺在肮脏的地毯上，空瓶子和各种垃圾散落在各处。"求求您，先生，求您了，"他说，"希望您帮帮我，帮帮我的家人和孩子，这不是一个安全的地方。我要关掉手机，把它收起来。我完全没了主意。我不知道该怎么办。"

乔希问我阿齐兹是否能够脱身。我描述了最近的一些麻烦事。卡姆航空是阿富汗最大的私营航空公司，也是塔利班唯一允许飞行的航空公司。几天前的一个晚上，阿齐兹的航班已经获准起飞，但是，在一个腐败黑局中，卡姆航空公司的飞行员将他们的座位卖给了出价更高的人，实际上是重复售票，从中获得了数百万美元的利润。这导致了延误。问题解决后，航班再次获准起飞，但在最后一刻，一名当地的塔利班指挥官阻止了起飞，因为他没有收到回扣。第二天，航班在卡塔尔多哈机场的着陆许可又出了问题。目前，美国国务院要求机上的每个阿富汗人都要持有护照，包括一岁以上的儿童，这导致了航班的滞留。阿齐兹的孩子没有护照。在列举了这些困难之后，乔希问我多久收到一次阿齐兹这样的信息。

我告诉他几乎每天都能收到。

然后他问："你没事吧？"

第二天早上，我们和孩子们一起坐在车里，不再谈论阿富汗。

我们说起橄榄球比赛，孩子们很兴奋。他们都没看过比赛，也没有去过安纳波利斯。我们很早就到了校区，这样孩子们可以到处走走。我们漫步走过教工宿舍，这是些古老的维多利亚式平房，环绕式门廊上放着摇椅，还有遮阴的游廊和修剪整齐的草坪。当海军学院的学生列队整齐经过时，人们纷纷回头。孩子们想看看每一门大炮、每一把枪和每一座雕像。然后，我们来到了特库姆赛雕像前。边上的一块牌子上写着："最初的木刻雕像于1866年从'特拉华'号战舰的古老残骸中打捞而出，然后送到了海军学院。内战期间，为了防止落入南方邦联之手，'特拉华'号在诺福克被凿沉。'特拉华'号的建造者原打算把这个船头雕像刻画成特拉华人的伟大首领塔马南德，他热爱和平，还是威廉·佩恩的朋友。但对于当时的海军学院学生来说，'塔马南德'这个名字不能激发任何想象力。这座雕像还有其他各种名字：波瓦坦、菲利普王，最后是特库姆赛——一位伟大的战士，这样听起来英勇无比，很适合海军学生的口味。"

乔希向孩子们和我解释说，最初的雕像是木制的。这座特库姆赛青铜像是后来制作的，是20世纪30年代竖立起来的复制品。孩子们似乎对此感到失望，但乔希说，在1891届的学生筹集资金建造一座永久的

第五幕　终结　　191

特库姆赛青铜像时,他们确保了原始雕像的一部分会保留下来。他们拆下了原始雕像的木制心脏和脑袋,并把它们放入了青铜复制品中。就像弗兰肯斯坦①一样,孩子们说。是的,就像弗兰肯斯坦。

特库姆赛的大理石底座上散落着硬币。乔希解释说,特库姆赛还被称为"2.0之神",这是海军学院的平均及格成绩。传说,如果你向特库姆赛祈祷并献上一枚硬币——将其抛入特库姆赛背上的箭筒中——他会在考试中赐予你好运。但特库姆赛的箭筒很高。孩子们爬到我们的肩上。他们各自拿了几枚硬币,把它们抛向了天空。

我们穿过将特库姆赛雕像与班克罗夫特大楼分隔开来的砖砌庭院。这座采用波洛兹艺术风格建造的大楼有着倾斜的铜屋顶和整洁的天窗,是容纳海军学员的大型连通宿舍。班克罗夫特大楼内设有纪念堂,建在

---

① 弗兰肯斯坦是英国作家玛丽·雪莱创作的一部恐怖小说中的主角。此处用作比喻,意指将特库姆赛的木制心脏和脑袋放入青铜复制品中,类似于小说中的科学家弗兰肯斯坦创造怪物的情节。

192　第五幕:美国在阿富汗的终结

从中央圆形大厅升起的大理石楼梯上面。当我们爬上通往纪念堂的楼梯时，韦斯顿跑在了我们前面，然后在快要到顶的地方停下了脚步。一面蓝色的大旗上粗糙地缝制着"不要放弃这艘船"的字样，韦斯顿正在读这些字，而他父亲拉起他的手，带他走进了纪念堂。

在那面旗帜下，位于纪念馆的中心，有一个玻璃柜，里面放着一份名单。这是美国历场战争中阵亡的海军学院毕业生的名单。其中一些是我和乔希共同的朋友，包括 J. P. 布莱克史密斯——他和我，以及克里斯·理查德拉在匡提科时是同班同学。2004 年，他在费卢杰的一个屋顶上被杀害。这份名单上还有梅根·迈克朗，她是第一位在战斗中牺牲的海军学院女毕业生。在 2006 年阵亡时，她已经和我的一个朋友订了婚。在这些名字中，对我们来说印象最为深刻的是道格·泽姆比克。因为道格，我和乔希成了朋友。

我是在 2002 年认识道格的。当时我是两栖侦察学校的学生，他是该校的二把手。在这门艰苦的课程开始两周后，我和我的同学们得到一个晚上的休假。我们去了附近弗吉尼亚海滩的一家餐厅，在那里我们看到了泽姆比克上尉和他当时的女友、后来的妻子帕姆正在共进晚餐。我们给他们各点了一杯饮料，算是我们请客。几分钟后，当他们离开餐厅时，道格带着一名服务员来到了我们桌旁。我们一桌六人，服务员端着一个托盘，上面摆着同样数量的野格酒，另外还多出一杯。道格抢过多出的那杯，举起来，讲了一通要把我们训练成世界上最凶猛的战士之类的话，说我们要干掉美国的敌人，还说我们中最幸运和最光荣的人总有一天会在英灵殿①相会。（我后来了解到这是典型的道格式套话。）然后，他把杯子稍稍举起，说："海军陆战队侦察兵，男人想成为我们，

---

① 英灵殿，北欧神话中的天堂之地，是掌管战争的阿萨神族之王奥丁招待阵亡英灵的殿堂。

第五幕　终结　193

女人想和我们在一起！"如果这番话不是出自他的口中，那将非常令人讨厌。然后我们把酒一饮而尽。爱他也好，恨他也罢，这就是道格。（我是爱他的。）

事实上，乔希与道格相识的故事更加妙趣横生，也更具道格特色。那是两年以后的事了，当时乔希在费卢杰是一位年轻的中尉，带领着一个悍马重机枪排。他的排大约有四十名海军陆战队员，被派去援助道格的徒步连，后者有一百多人，要进入一个战斗激烈的街区。两支队伍在路边会合时已是深夜。乔希坐在他悍马车的副驾驶座上，道格拿着地图和手电筒走了过来。道格解释说，他想让乔希在他的连队向前推进时为他们开道。道格陈述了他的计划后，乔希说："没问题，长官。如果你想躲在后面，我很乐意为你领导你的连队。"

道格曾是海军全美摔跤能手，他不喜欢乔希这种不服从命令的口气。他迅速而随意地做出了暴力威胁的动作，想要把乔希从悍马车里拖出来，狠狠地教训他一顿。为乔希驾车的年轻一等兵立即与道格发生了对峙。"长官，"他趴在方向盘上说，"如果你想和我们的中尉打架，就必须和我们所有人过过招。"

这让道格住了手。"你什么意思？"

一等兵重申了他们排的立场。

"你是说，如果我敢碰你们的中尉，你们就要和我这个海军陆战队上尉动手？"

"是的，长官，"乔希的司机说，"如果你敢碰他，你就要和我们所有人过招。"

道格又看了看乔希，仿佛是第一次见到他。他来了兴致。"中尉，你说你叫什么名字来着？"

乔希重复了一遍他的名字。

"好吧，"道格说，"我会记住的。我叫泽姆比克，是比克，而不是泽姆-比亚克。如果这次行动后你还活着，我会找到你的。我们将成为朋友。"随后，乔希为道格的连队带路，带领他们进入了费卢杰。道格遵守他的承诺，在战斗结束后找到了乔希。从那时起，他对乔希特别感兴趣，就像他对我特别感兴趣一样，乔希和我都知道这一点，因为道格后来特意把我们介绍给了彼此。

如我所说，他是我们成为朋友的原因。

我是在2002年认识的道格。

乔希在2004年认识了他。

道格于2007年在巴格达被杀害，在与一群中央情报局支持的伊拉克突击队员共同执行一次突袭行动时被击中面部。我们相识的时间并不长。如今，他安葬在阿灵顿，管子的墓地近在咫尺。

当我们站在写有道格名字的名单旁边时，一个可能比我们年轻一点的男人，带着他年轻的妻子或女友，开始读起了名单。他不久就读到了道格。"这个叫泽姆-比亚克的家伙，现在成了传奇。我听说过他。他曾是这里的摔跤手，是一名全美选手。费卢杰之狮，海军陆战队员都这么称呼他……"

为了纪念道格，海军陆战队每年都会颁发一座以他的名字命名的领导力奖杯。

乔希和我走开了，直到听不到那人的声音。"这太有趣了，"他说，"道格已经去了英灵殿，如果知道我们在这里偷听别人谈论他是个传奇，他肯定会笑得前仰后合。"

乔希说得对。那个在弗吉尼亚海滩给我们买野格酒的道格，那个在费卢杰威胁要揍乔希的道格，那个邋遢、粗鲁的道格，是一位真正的信徒和朋友，他会觉得，我们在战斗中活了下来，他在战斗中死去，随着我们渐渐老去，世界仍在讲述他的故事，这样好得很。在道格牺牲后的那几天，失去他的痛苦锥心刺骨，我们这些他曾经的朋友相信，道格也

第五幕 终结

许会接受这样的死亡方式,即带领着一群突击队员,死在一场突袭中,死在一次绝望的枪战中。随着时间的推移,我越来越怀疑这是否真的成立。如果他知道再也见不到自己的女儿长大,或者不得不离开自己的妻子,如果他知道自己的父母要白发人送黑发人,他还会接受吗?我愿意相信乔希的话,道格正从英灵殿(或他所在的任何地方)俯视着我们大笑。我愿意相信,到最后,你生命的长短并不重要,重要的是如何利用它,或者如何被人记住。这种想法很美好。

很快就到了午餐时间,孩子们都饿了。我们带他们离开校园,来到安纳波利斯海滨的一家汉堡店。比赛将在几个小时后开始。校友和支持者把他们的船停泊在码头上。他们的音响高亢嘹亮,更增添了庆祝的气氛。我们在桌旁坐下,刚刚点好餐,我的手机响了。是马伦上将,所以我接了电话。听到嘈杂的背景音乐,他问我在哪里。我解释说,我在他的母校观看比赛,看海军如何打败空军。他在宾夕法尼亚州的家中,他补充道,根据他目前对本赛季的了解,情况可能会相反。他打电话是要了解一下阿齐兹的航班有没有进展。我们上次通话时,国务院对护照的新要求阻止了阿齐兹的离开。我的一个熟人——曾经是特种部队士兵,现在是麦肯锡的顾问——希望能够说服国务院免除对阿齐兹家人的这一要求，但我们仍在等待确认。这是我转达给上将的消息。他要求我随时向他通报，然后我们结束了通话。

乔希说："连马伦都不能把人救出来，这真是太他妈糟糕了。"

我对此表示同意。

"你觉得你能把这个家伙救出来吗？"

"我不知道。"

"我希望你能。"

我告诉乔希，一想到不得不把像阿齐兹这样的人留在阿富汗，我就回忆起很多往事。尤其是关于管子的记忆。还有莫梅兹。乔希理解我的感受。他有自己的故事，在某些方面与我在舍万的经历相似。管子牺牲一年后，乔希的海军陆战队小组开始为我当过顾问的同一支阿富汗突击队提供指导，并与我共事过的同一支特种部队一起执行任务。在他腿部受伤之前，任务行将结束时，他策划了一次直升机突袭，进入了阿富汗西北部的一个偏远地区，那里以种植罂粟而闻名，为塔利班叛乱提供资金。这次行动由美国缉毒局共同发起，甚至还有一名海军陆战队员出身的缉毒局特工参与进来。他们乘坐三架直升机，飞往塔利班控制区深处的一个村庄。

飞机降落后，突击部队遇到了零星的抵抗，但成功摧毁了大量鸦片，并捕获了叛乱和毒品交易中的关键人物。目标实现后，乔希呼叫直升机前来撤离他们。这个村庄位于一道峡谷里面，紧靠着陡峭的悬崖。降落区域非常狭小，需要直升机面朝悬崖着陆。直升机降落时，其旋翼会扬起令人目眩的尘埃漩涡。因此，飞行员们知道，他们必须在起飞时做一个九十度的盲转弯，然后才能升到尘雾之上，飞离峡谷。他们把突击队员送进来时成功地完成了这个动作。然而，在撤离时，其中一名飞行员的降落稍有倾斜。当他载着一部分突击队员起飞并旋转九十度后，仍然斜对着悬崖。结果他的直升机坠毁了。乔希当时在另一架直升机上。他命令突击部队掉头。他们降落在了谷底。

他们中有些人受了伤，也有一些人阵亡，而剩下的塔利班正在集结力量，准备发动反击。他们在坠机现场战斗了好几个小时。最终，乔希设法撤离了他的伤员。但他们无法带走死者。一共牺牲了十人，包括飞行员、一名特种部队士兵——他是我们共同的朋友，以及缉毒局的首席特工。他们缺水、缺粮、缺弹药。然后，在经过大半天的时间后，一支隶属于美国空军的伞兵救援队终于抵达。这些伞兵救援人员受过专门的训练，装备精良，是闻名世界的救援专家。在对现场进行快速勘查后，救援人员确定，考虑到坠机的惨烈程度以及塔利班的持续威胁，取回遗体并不可行。他们建议乔希和部队的其余人员离开。伞兵救援队发表了一通高论，提出发动空袭将坠机残骸焚毁的建议，表示这是他们所能期望的最好结果。乔希拒绝了。随后，救援人员乘坐他们来时的直升机飞走了。几个小时后，他们仍然没有下一步的计划，但乔希听说该地区的一支美国陆军游骑兵分遣队自愿前来协助。他们乘坐自己的直升机飞了进来，尽管没有接受过正式的人员营救训练，但这些游骑兵（其中许多不到二十岁）还是投入了工作。数小时后，他们成功地从残骸中取出了剩下的遗体。

乔希本来可以离开，但他没有。我知道他会这样做。

因此，我也知道，他不必像我们把莫梅兹留在舍万那样，一直承受着我在抛弃某人后所面临的问题。这让我怀疑他是否理解我一直以来的那种恐惧，我多么害怕这次拙劣的阿富汗撤军只会让我和其他人背负起更多的遗憾，或留下更多的问题。我指的是那些本应该或本可以做到的事情。

我们进餐完毕。孩子们变得有些不耐烦。韦斯顿拉住乔希，问还有多久球赛才能开始。乔希看了看表；时间快到了。我们付了账单，朝体育场走去。我们来到外面,发现停车场挤满了尽情吃喝的人,到处是同学聚会,到处是正在享受宝贵休息日的军校学生。像我一样,乔希也不是军人家庭出身。他是达拉斯本地人,他曾经告诉我,他在安纳波利斯时感到非常孤单,尤其是在最初几年,当时他担心自己可能犯了一个错误。有一次我问他,为什么要来海军学院,并加入海军陆战队。他的回答很简单:"因为我读了一本书。"那本书是詹姆斯·韦伯的《火场》,讲述了越南战争中一个海军步枪排的故事。步枪排由罗伯特·李·霍奇斯领导,他在许多方面都是韦伯的替身。韦伯本人也是一名海军学院毕业生,参加过越南战争,获得过勋章,后来成了海军部长和弗吉尼亚州参议员。乔希补充道:"十八岁时,我想成为霍奇斯。"

站在体育场外,与当今的海军学员摩肩接踵,我不知道他们当中是否有人想成为我们,或者至少是我们年轻时的版本。当乔希提出要购买球赛门票时,阿富汗撤军还没有发生。我不禁想,如果知道我们不是要纪念"9·11"事件二十周年,而是要承认我们最近无条件地败给了塔利班,我们还会来吗?

我们找到了自己的座位。

一群战斗机在低空翱翔,进行飞行表演。

海豹突击队员从空中跳伞,降落在球场中线上。

大约四千名身着白色制服的海军学院学生列队走过体育场的隧道,每个纵队右前方都飘扬着他们各自连队的花纹队旗——A连、B连、C连、D连等等。在他们进场时,播音员报出了队长的名字和家乡。掌声响彻整个体育场。一支铜管乐队奏响了国歌。孩子们睁大了眼睛,站在座位上,双手紧贴胸口。

我又想起了霍奇斯。想起乔希。想起那些海军学院的学生。我们的孩子也许想成为海军学院的学生,但我不知道那些学生是否想成为我们,尤其是在今天。我不能责怪他们。谁愿意置身于一件事情的终结,尤其是像一场失败的战争这样糟糕的事情？不，我们更喜欢开始。

开球，比赛开始了。

得分。失分。很快，事实证明海军上将的话是正确的，海军学员比空军学员落后了好几分。孩子们很失望。他们惊奇的、瞪大的眼睛已经眯成了两条缝。海军学员不是一直都应该获胜吗？难道海军不是最棒的吗？他们不是总能打败空军和陆军吗？他们不是总能打败所有人吗？

我们做了解释，说海军的表现有时很好，有时没那么好。

半场过后不久，我们决定提前离开，以避开交通拥堵。在度过不同寻常的一天后，两个小男孩像两名醉酒的水手一样，摇摇晃晃地穿过停车场，朝我们的车走去。当我们用安全带把他们固定在后座上时，他们已经睡着了。我看到我有几条未读的短信。我的熟人正在处理阿齐兹的事情，这位特种兵出身的麦肯锡顾问写道：我们真的需要帮助，以敦促国务院与我们接触。他们不接电话，也不回邮件。这太荒谬了。我们的地面行动维持不了太久了。

然后，在另一个聊天平台，我收到了阿齐兹发来的信息，他写道："先生，每当收到您的信息，我就有了活下去的希望。我听说马扎尔有卡塔尔的飞机。"

我把两条信息都给乔希看了。他问:"马扎尔有卡塔尔的飞机是怎么回事?"

我解释说,这是一趟私人资助的航班,计划降落在卡塔尔,但国务院不愿意审核乘客清单。就在几天前,美国中央司令部还在承办此类业务,但眼下战争结束了,或者至少是进入了另一个阶段,国务院接管了这项职责,任何之前由中央司令部授权的清单,现在都必须经过国务院重新审核,而国务院所用标准与美国军方迥异。

驱车返回华盛顿的路上,我继续向乔希讲述这个官僚体制的复杂内幕,是它让阿齐兹和他的家人陷入了困境。我不认识阿齐兹,也从未见过他。他只是一个给我发语音信息寻求帮助的人,而我却无能为力。我的声音肯定流露出了某种情绪,乔希插话说:"我明白了。这真令人沮丧。但你已经尽力了。"我瞥了一眼坐在副驾驶座上的他。

是的,我想帮助阿齐兹。但我也想保护自己。我不想在谈话中告诉阿齐兹我们必须放弃,告诉他钱已经用完了,他和他的家人只能靠自己。我不想承受这种情感负担。乔希不知道背负着这种遗憾生活是什么感觉。当他面临要抛弃某人的抉择时,他拒绝了。尽管他负了伤,但他不必忍受那种事后遗憾的痛楚。

我把这些话告诉了他。

他耐心地听我说完。然后他说:"那次执行任务时本来应该有四架直升机。你知道吗?"

我摇摇头。不,我不知道。

"就在我们出发前,其中一架直升机出现了机械故障。我们不得不执行备用计划,四架直升机减少到了三架。这次突袭,我们已经计划了好几个星期。当时,那些留在基地的人很沮丧。其中一些人对我感到不满,因为他们认为我应该把缉毒局的特工从任务中踢出去。他们的战术经验不如我们。但首席特工迈克在海军陆战队服过役,他和他的同事们

第五幕 终结

在策划这次行动时付出了很多心血，我觉得他们有资格参与。"

但直升机坠毁不是乔希的责任。并不是他的决定导致了那场悲剧。他听我把话说完，但并不同意我的看法。

他说："当我决定让迈克参与任务，并将直升机的数量从四架减少到三架时，也就意味着我把迈克安排在了原本属于我的座位上。我本应该在那架坠毁的直升机上。"

我向乔希道歉。

具体来说，我为不理解他和我一样正经历着美国在阿富汗的终结而道歉，为不理解我们每个人都背负着某些遗憾而道歉，我们隐藏起这些旧伤，直到再也无法忍受。

他既没有接受也没有拒绝我的道歉。在车里，有那么片刻，这句道歉就悬停在我们之间。然后他问："你知道迈克的全名是什么吗？"

我不知道。

"特工迈克尔·韦斯顿。"他转向后座，他的儿子韦斯顿正躺在我儿子旁边熟睡。"总有一天，"乔希说，"他会明白自己名字的意义。"

后记

卡塔尔多哈，一处难民营

我在夜间收到一个视频。是阿齐兹发来的。前一天我就知道，他和他家人的名字已经上了一趟航班。但他们的名字已经上过许多趟航班。我经常等到很晚，每当他们不能起飞时，我就很失望。我不再熬夜等待了，所以当这段视频发来时，我正在熟睡。

视频中的房间很狭小，床铺塞满了整个空间。他女儿不比我女儿小多少，正在床上玩波板球。她被很多玩具包围着。我没有看到阿齐兹，因为他在拍摄。只能听见他的声音。"先生您好。您最近怎么样？"他开始说话。"我希望您一切安好。我们在卡塔尔的难民营，所以……"他儿子蹒跚着走进画面，把手伸进一个罐子里，掏出一团蓝色橡皮泥，举到镜头前。阿齐兹笑了，我才发觉我之前从未听过阿齐兹的笑声。他接着说："所以我们为孩子准备了这些玩具，很多好玩的东西。还有其他的一切，先生，应有尽有。我不知道该如何感谢……"接着，他的声音哽咽起来，越来越低。

他转动镜头，我看到了他的妻子。她穿着一件垂及脚踝的灰色长裙。紧紧裹着的头巾，衬托出她的面庞和克制的微笑。她有条不紊地把一家人安置在狭小却干净的房间里。整个房间就像一间一尘不染且空间利用率极高的病房。从爱心包裹里倾倒出来的洗漱用品、毛巾、瓶装水和奶酪饼干、格兰诺拉燕麦棒等袋装食品摆满一床。阿齐兹举着相机向我展示这满满当当的一大堆东西。

喜悦使他的声音变了调。

"对于这样的帮助,这样的仁慈,这样无微不至的照顾,我不知道该如何感谢。但我感谢每一个人,感谢每一个美国人,因为我们从未梦想过会有这样的事情。他们的爱,他们的仁慈。谢谢你们。感谢你们所做的一切。"

不要怪罪海伦的美貌，
也不是帕利斯的过错，
而是众神降下了这场毁灭。
　　　　　——维吉尔《埃涅阿斯纪》

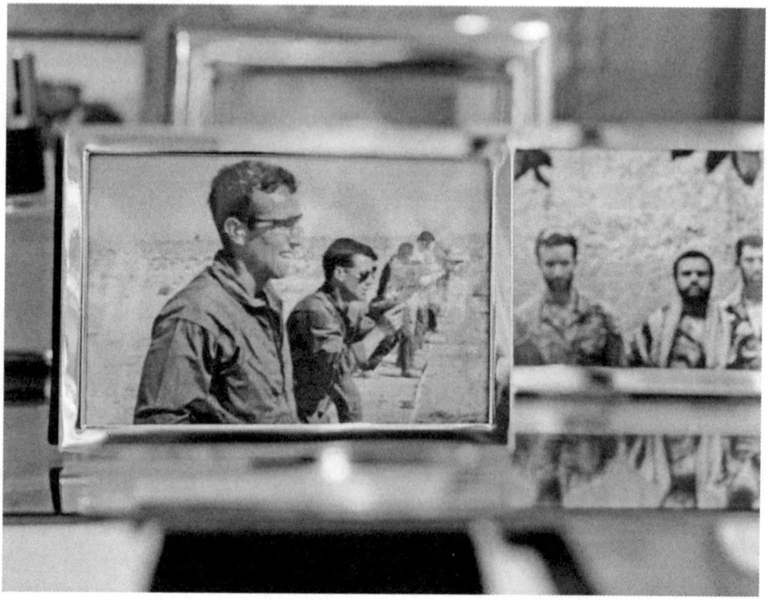

插图列表

P004　2021 年，罗马卡拉卡拉浴场

P006　2021 年，喀布尔，通往无名门的卫星路线图

P007　2002 年，弗吉尼亚州斯托里堡，海军陆战队侦察学校的营房和教室

P011　2002 年，弗吉尼亚州斯托里堡，海军陆战队侦察学校 03-02 班

P013　2010 年，什金军事基地

P017　2021 年，罗马，在斗兽场礼品店购买的角斗士玩具兵

P020　1879 年，伦敦泰特美术馆，伊丽莎白·汤普森《一支军队的遗物》

P024　2021 年，罗马，耶蒂在 Signal 上的头像

P030　2008 年，赫拉特省，会见部落长老

P035　2021 年，喀布尔，巴士出现在塞雷娜酒店

P037　2021 年，喀布尔，车队从塞雷娜酒店前往无名门

P044　2008 年，法拉省，美国特种兵作战部队和阿富汗突击队的车队在环行路上向南行驶

P046　1995 年，宝丽多唱片公司，安德烈·波切利《告别时刻》

P047　2005 年，火车王所在的"终生挚友"公会制作的魔兽世界视频

P054　2021 年，威尼斯，大运河

P059　2008 年，法拉省舍万东部，遭遇伏击战之后

P063　1997 年，哈克特出版社，荷马《伊利亚特》，斯坦利·隆巴多译

P066　2021 年，威尼斯，圣克莱门特皇宫酒店的客房服务

P068　1985 年，史密斯马克出版社，布莱恩·贝克特《越南战争史图解》

P076　2008 年，赫拉特省，努涅斯直升机降落区题词

P078　2021 年，喀布尔，iPhone 截图的卫星地图，显示了哈米德·卡尔扎伊国际机场及其入口

P084　2021 年，喀布尔，尝试从南门进入机场失败后，筋疲力尽的巴士司机

P090　2016 年，纽约的天际线，可见到埃塞克斯大厦

P095　2010 年，瓦纳，卫星图像

P098　1944 年，中国昆明，中尉埃德蒙·N. 卡彭特二世

P099　2021 年，威尼斯，圣马利亚升天大教堂宣礼堂正面

P102　1981 年，纽黑文，林璎的越南战争纪念碑参赛作品，编号：1026

P106　2021 年，威尼斯，达涅利酒店的楼顶

P108　2008 年，赫拉特省，夜幕下的 RG-33 装甲车

P112　2021 年，托尔切洛，圣马利亚升天大教堂内，圣福斯卡教堂的草图和平面图

P116　2021 年，托尔切洛，圣马利亚升天大教堂内的《七宗罪》马赛克镶嵌画

P119　2008 年，阿富汗赫拉特省，突袭部队在机场集结

P124　2008 年，赫拉特省，被简易炸弹摧毁的悍马车

P127　2021 年，喀布尔，沙阿绘制的纸招牌

P128　2021 年，喀布尔，北门前的景象

P129　2021 年，喀布尔，热成像仪镜头里的北门景象和人群

P131　2021年，喀布尔，海军陆战队员眼中的北门入口

P134　2021年，喀布尔，从北门成功进入哈米德·卡尔扎伊国际机场后

P140　2019年，华盛顿特区，《华盛顿邮报》头版

P142　2021年，华盛顿特区，美国国会大厦圆形大厅

P146　2008年，阿灵顿，阿灵顿国家公墓第60号墓区

P149　2016年，喀布尔，芝麻花园里的扎丽和木偶师

P163　1997年，澳大利亚，尼克·诺尔特在导演泰伦斯·马利克的电影《细细的红线》中

P168　2021年，喀布尔，运河边阿比门外的景象

P170　2021年，喀布尔，哈米德·卡尔扎伊国际机场侦察排行动列表

P171　2021年，喀布尔，侦察排所穿"数码迷彩服"的照片

P173　2021年，喀布尔，印有识别编号的马蒂的头盔

P180　2021年，勒琼营，斯图尔特·谢勒中校录制的视频

P187　1963年，西贡，僧人释广德自焚

P192　1949年，安纳波利斯，美国海军学院，特库姆赛纪念碑明信片

P196　2017年，阿灵顿，海军陆战队协会和基金会的年度"陆战队奖杯"晚宴上的领导力奖杯。泽姆比克奖杯位于左起第四个

P200　2021年，安纳波利斯，美国海军学院的学员

P202　2021年，安纳波利斯，美国海军学院1号门

P206　2021年，纽约，与"管子"加勒特·劳顿的合影。一张摄于部署前训练期间，一张摄于泽尔科山谷突袭时。照片摆放在我的床头

Elliot Ackerman
The Fifth Act: America's End in Afghanistan
Copyright © 2022 by Elliot Ackerman
Simplified Chinese edition copyright © 2024
by SHANGHAI TRANSLATION PUBLISHING HOUSE (STPH)
All rights reserved.

图字：09 - 2022 - 0493 号

图书在版编目（CIP）数据

第五幕：美国在阿富汗的终结/(美)艾略特·艾克曼(Elliot Ackerman)著；刘瑞新译. -- 上海：上海译文出版社, 2024.6. -- ISBN 978-7-5327-9531-4

Ⅰ. K837.125.2

中国国家版本馆 CIP 数据核字第 2024DA1106 号

第五幕：美国在阿富汗的终结
[美]艾略特·艾克曼 著　刘瑞新 译
责任编辑 / 宋佥　装帧设计 / 邵旻　观止堂＿未氓

上海译文出版社出版有限公司出版、发行
网址：www.yiwen.com.cn
201101　上海市闵行区号景路159弄B座
上海盛通时代印刷有限公司印刷

开本 890×1240　1/32　印张 6.75　插页 2　字数 101,000
2024 年 6 月第 1 版　2024 年 6 月第 1 次印刷
印数：0,001—5,000 册

ISBN 978-7-5327-9531-4/K · 329
定价：58.00 元

本书中文简体字专有出版权归本社独家所有，未经本社同意不得转载、摘编或复制
如有质量问题，请与承印厂质量科联系。T: 021 - 37910000